拐对了，你就赢了

商业生态下的企业经营本质

韩铁林 ◎ 著

北京大学出版社

PEKING UNIVERSITY PRESS

图书在版编目（CIP）数据

拐对了，你就赢了：商业生态下的企业经营本质 / 韩铁林著. — 北京：北京大学出版社，2017.4
ISBN 978-7-301-28133-8

Ⅰ. ①拐… Ⅱ. ①韩… Ⅲ. ①企业经营管理—研究 Ⅳ. ①F272.3

中国版本图书馆CIP数据核字（2017）第039245号

书　　　名	拐对了，你就赢了：商业生态下的企业经营本质
	GUAI DUI LE, NI JIU YING LE: SHANGYE SHENGTAI XIA DE QIYE JINGYING BENZHI
著作责任者	韩铁林　著
责 任 编 辑	宋智广　王聪
标 准 书 号	ISBN 978-7-301-28133-8
出 版 发 行	北京大学出版社
地　　　址	北京市海淀区成府路205号　100871
网　　　址	http://www.pup.cn　新浪微博：@北京大学出版社
电 子 信 箱	renzhikongjian@163.com
电　　　话	邮购部 62752015　发行部 62750672　编辑部 82207051
印　刷　者	北京雁林吉兆印刷有限公司
经　销　者	新华书店
	787毫米×1092毫米　16开本　15.75印张　188千字
	2017年4月第1版　2017年4月第1次印刷
定　　　价	49.00元

未经许可，不得以任何方式复制或抄袭本书之部分或全部内容。
版权所有，侵权必究
举报电话：010-62752024　电子信箱：fd@pup.pku.edu.cn
图书如有印装质量问题，请与出版部联系，电话：010-62756370

目 录
CONTENTS

引言　找到企业成长的拐点

第一章
企业丛林下的拐点法则

一、你的企业遭遇了什么拐点　　　　　　　　　　008

　　1. 如何判断战略拐点　　　　　　　　　　　　008

　　2. 如何判断组织拐点　　　　　　　　　　　　012

　　3. 如何判断人才拐点　　　　　　　　　　　　017

　　4. 如何判断运营拐点　　　　　　　　　　　　022

　　5. 如何判断文化拐点　　　　　　　　　　　　026

二、拐点是如何产生的　　　　　　　　　　　　　032

　　1. 创业企业的三种走向　　　　　　　　　　　032

　　2. 五大拐点的逻辑关系　　　　　　　　　　　034

三、拐点如何决定企业的质变空间　　039

  1. 以海尔为例说明战略拐点　　040

  2. 以通用汽车为例说明组织拐点　　041

  3. 以万科为例说明人才拐点　　043

  4. 以某装备企业为例说明运营拐点　　044

  5. 以华为为例说明文化拐点　　045

四、如何在拐点坐标系里把握发展步伐　　046

  1. 步子太大易栽跟头：以德隆和盛大为例　　046

  2. 步子迈得小一点儿：小而美的日本寿司店　　047

  3. 迈多大的步子合适呢：拉扯式成长，螺旋式上升　　048

第二章
突破战略拐点：坐标模式

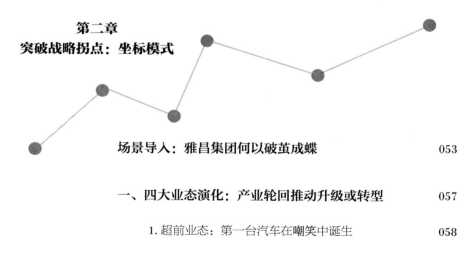

场景导入：雅昌集团何以破茧成蝶　　053

一、四大业态演化：产业轮回推动升级或转型　　057

  1. 超前业态：第一台汽车在嘲笑中诞生　　058

2. 畸形业态：产业蓬勃发展，企业哀鸿遍野　　059

　　3. 重组业态：完整产业链的竞争　　060

　　4. 规范业态：稳定产业孕育新力量　　061

二、四大业态下的企业战略图谱：如何活出未来　　063

　　1. 超前业态下三种独享市场的条件　　063

　　2. 畸形业态下的三种活法　　064

　　3. 重组业态下的两种价值角色　　066

　　4. 规范业态下的颠覆创新　　068

三、科技创新对产业链的渗透：六个层次由浅入深　　068

　　1. 信息推广：一对多　　069

　　2. 精准对接：用户画像　　070

　　3. 立体包围：一站式服务　　071

　　4. 流程便捷："软"转型　　071

　　5. 物理优化："硬"转型　　072

　　6. 智能制造：大规模个性化定制　　073

四、规律"引力波"：抓住产业趋势　　074

　　1. 产业"链"变成产业"圈"　　074

　　2. "以客户为导向"变成"以用户为中心"　　075

　　3. 企业只能有三种角色　　075

　　4. 产业演化的进程加快　　076

五、战略坐标系下的突围和立位　　　　　　　　　　077

1. 两种基本的突围思维　　　　　　　　　　077
2. 两种终极的立位方式　　　　　　　　　　079

逻辑复盘：坐标模式的精要　　　　　　　　　　081

第三章
突破组织拐点：三角模式

场景导入：腾讯的组织方式是如何脱胎换骨的　　　　　　　　　　085

一、如何选择最适合的组织方式　　　　　　　　　　088

1. 一个创业老板的组织变革之路　　　　　　　　　　089
2. 实现组织规模化扩张的四种方式　　　　　　　　　　090
3. 生态型组织：激发企业创新力的新方式　　　　　　　　　　094

二、为组织注入战略灵魂　　　　　　　　　　101

1. 保持核心竞争力要求组织提供绝对保障　　　　　　　　　　101
2. 任务攻关要求组织聚焦发力　　　　　　　　　　105

三、搭建组织化管控机制　　106

1. "三机一透"保障机制支撑和信息透明　　107
2. 管控的本质　　112
3. 企业要在效率和控制之间找平衡　　114
4. 化解公司政治　　116

逻辑复盘：三角模式的精要　　120

第四章
突破人才拐点：漏斗模式

场景导入：万科是如何实现人才升级的　　125

一、是否充分挖掘战略潜力　　129

二、是否充分释放组织的结构效率　　132

三、员工是否在做正确的事　　134

1. 如何保障员工做正确的事　　134
2. 考核方法的本质对比　　136

四、激励机制是否有效	143
1. 拓展激励空间	143
2. 选准激励资源的投放点	150
3. 把握激励节奏	154
五、如何填补真正的能力断层	156
1. 业务外包	156
2. 内部培训	157
3. 人才招募	159
逻辑复盘：漏斗模式的精要	160

第五章
突破运营拐点：绳子模式

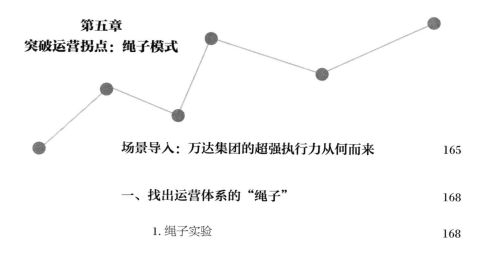

场景导入：万达集团的超强执行力从何而来	165
一、找出运营体系的"绳子"	168
1. 绳子实验	168

  2. 如何找到运营中的"绳子"   169

  3. "绳子"的关键逻辑是什么   171

二、"绳子"决定企业"有机化"的程度   173

  1. 运营体系与战略   173

  2. 运营体系与组织   174

  3. 运营体系与人力资源   174

三、排查"绳子"的断点   175

  1. 目标上的断点   176

  2. 责任上的断点   181

  3. 计划上的断点   182

  4. 预算上的断点   183

  5. 考核与激励上的断点   184

  6. 人才上的断点   187

四、选择合适的运营模式   188

  1. "绳子"理论遇到的挑战   189

  2. 如何选择运营模式   193

逻辑复盘：绳子模式的精要   197

第六章
突破文化拐点：点线模式

场景导入：TCL的重生为何从文化变革开始　　201

一、对企业文化的种种误解　　203

    1. 搞活动，造氛围　　204

    2. 形象包装　　204

    3. 拿来主义　　205

    4. 碎片标语化　　206

    5. 国学化　　206

二、文化基因的生成逻辑　　207

    1. 体现在人上　　208

    2. 体现在事上　　210

    3. 体现在人和事之间　　211

    4. 体现在社会价值观上　　213

    5. 六种文化基因类型　　213

三、如何评判企业文化　　215

    1. 文化基因的匹配程度　　216

    2. 文化基因的强弱程度　　216

四、企业文化运行的内在机理　　217

    1. 一个故事折射出的文化现象　　218

    2. 影响文化力量的两个方面　　219

五、把握文化升级转型的冲突点　　222

    1. 企业升级带来的新旧文化冲突　　222

    2. 并购重组带来的内外文化冲突　　225

六、如何进行企业文化变革　　228

    1. 了解引发文化拐点的不同情况　　228

    2. 选准企业文化变革的启动点　　229

    3. 打通文化作用线——以 IBM 为例　　233

逻辑复盘：点线模式的精要　　236

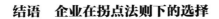

结语　企业在拐点法则下的选择

引言　找到企业成长的拐点

一位企业家学员给我打电话，向我倾诉他自己的公司面临的困境。这是一家成立10年的建筑装饰公司。刚创立的时候，公司发展势头很强劲，不到三年就达到了年营业额2.5亿元的规模。但三年之后，风光不再，公司业务时好时坏，营业额最好的年份冲到过3.2亿元，最差的年份跌到了8000万元。一开始与它齐头并进的竞争对手，却获得了长足的发展，有的竞争对手已经达到了年营业额百亿元的规模。这位企业家非常困惑，他也做了大量的管理提升工作，可为什么公司业绩总是徘徊不前呢？

这位企业家遇到的问题，不是个案，而是企业中普遍存在的。遇到了问题，就要想办法解决，很多企业家四处"寻医问药"，听各种管理课，看各类管理书，甚至把咨询顾问请到企业来，调研、访谈、分析，写出一大堆逻辑缜密的管理方案，但收效甚微。这是因为经营企业不能求助于割裂的、碎片化的、零星的、局部的知识点，而是需要对企业运行进行系统的认知；不能求助于取巧的"招数"，而是要对企业成长的本质规律有深刻的洞察。

一些问题是能够通过对现有体系的改善、提升就能解决的，有些问题虽很难解决，但我们可以选择绕行。然而，还有一类问题，是靠改善和提升现有体系无法解决的，也无路可绕，必须依靠模式的切换，才能把企业带到一种新的状态，进入新的空间。我把这种必须依靠模式切换才能带来成长突破的临界点，称为成长"拐点"。

李嘉诚说："当我骑自行车时，别人说路途太远，根本不可能到达目的地，我没理，半道上我换成小轿车；当我开小轿车时，别人说，小伙子，再往前开就是悬崖峭壁，没路了，我没理，继续往前开，开到悬崖峭壁我换飞机了，结果我到了任何我想去的地方。"这句话应用到企业经营上，从自行车到汽车，从汽车到飞机，就是模式切换。自行车什么时候切换成汽车，汽车什么时候切换成飞机，这至关重要，这就是拐点的重要性体现。

拐点决定着企业的成长空间。企业发展过程中出现的问题，有可能是拐点问题，也可能是拐点衍生出来的问题。

如果你的企业有下列现象，很可能就是拐点所致。

业务规模上下波动、徘徊不前，无论你是换人还是调整组织架构都无济于事，而竞争对手早已经把你甩出几条街了。

你忙得焦头烂额，管理漏洞却越来越多；你越想掌控一切，越容易"跑冒滴漏"。

出现了"白灰黑"三色地带：你看到的问题，就有人去解决，属于被照亮的白色地带；你看不到的问题，就无人问津，属于灰色地带；你长期看不到的问题，就滋生腐败，属于黑色地带。

下属创新不足，没有主动意识，无法完全理解你的意图，即使理解了，也执行不到位。

员工的惰性越来越明显，提高薪酬也激发不了他们的工作热情。

主动流失的员工越来越多，越有能力的员工，流失得越快。

一开会就争吵，公说公有理，婆说婆有理，谁也不服谁。

流程越来越规范，制度越来越完善，但组织的执行力却越来越弱。

……

这些现象背后，掩藏着深层次的矛盾。从现象入手寻找解决方案是无济于事的，必须触摸到问题的本质，找到问题的根本解，才能让企业真正地突破困局、持续发展。

根本解，就在拐点上。

拐点是隐蔽的，企业触及了一个关键拐点，在开始阶段，会出现一些典型的征兆。如果关键拐点不能及时突破，企业就会出现连锁反应，形成并发症。这让企业寻找问题的根源、识别关键拐点变得非常困难。拐点法则告诉我们，企业的问题是有根本问题和衍生问题之分的。必须找到根本问题，聚焦解决根本问题，其他的衍生问题才能够迎刃而解。这个根本问题，就与企业的关键拐点直接对应。

"学习型组织之父"彼得·圣吉在《第五项修炼》中也提出了类似的观点，他认为企业问题有两种解决方法：一种是"症状解"，另一种是"根本解"。症状解是指对某一问题局部的、暂时性的解决办法，但却把问题从系统的一个部分推到了另一个部分，甚至使问题变得更加复杂、更加难以解决。根本解是指运用系统思考的方式，深入了解问题的各个方面，看到事物的全局和本质，使原本复杂的问题变得简单，从而寻找到整体的、长远的解决方法。

从企业面临的关键拐点入手，就是寻找把复杂问题变得简单的根本解。对任何一个企业来讲，无论表面上存在多少问题，它们背后有且只有一个核心问题，这个核心问题就发生在企业的关键拐点上。

在本书第一章里，我把多年观察的企业现象进行归类总结，提出了"拐点法则"，揭示拐点是如何决定企业质变空间的。同时，还阐述拐点之间的逻辑关系，解释企业在拐点之间拉扯式成长和螺旋式上升这一规律，辨别拐点法则在当前时代下的变与不变。从第二章到第六章，我用了五个章节分别给出了突破五大拐点的策略和系统的方法。

我希望，无论是年轻的互联网创业企业，还是所谓的在互联网时代寻找出路的传统企业，无论是在趋势的风口里惬意飞翔的企业，还是陷入了发展困境的企业，这些企业的管理者们，都能够基于拐点法则，对以往补丁式累积的割裂的、碎片化的、零星的、局部的知识点进行一次系统梳理，建立起全局性的思考能力和框架性的思维结构；能够以拐点法则为"桥"，找到企业持续发展的根本解，跨越前面的"断崖"；能够在困惑、焦虑、疲惫、迷失中重拾信心，重燃激情，使经营企业变得优雅，变成一种享受。

第一章　企业丛林下的拐点法则

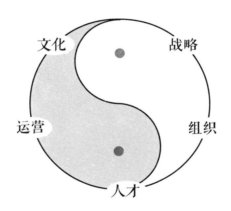

一片热带雨林，就是一个生态系统。这里的一切都遵循着丛林法则：物竞天择，优胜劣汰，适者生存，同时又互为支撑，互相依存。

不止在自然界，丛林法则在商业社会中也同样存在。企业作为商业社会丛林中的组成部分，无论是跨国发展的大企业，还是区域化的企业，抑或是刚刚创立的企业，都必须遵循一定的法则。企业丛林表面上看混乱不堪，没有统一的管理，没有明确的章法，属于自由蔓生、各行其是，但实际上却有一系列不可违背的法则在背后发挥着作用，就像一只无形的手，在调节着丛林的生态。违背法则的企业只能是昙花一现，在企业丛林中因找不到生存空间而被淘汰；遵循法则的企业一定能够找准自身在丛林中的位置和生存空间，成为丛林里有价值的组成部分。在企业丛林的一系列法则中，决定企业成长空间最重要的就是拐点法则。

拐点是企业成长过程中由量变到质变的临界点。量变并不一定带来质变，只有通过模式的切换才能实现。否则，简单的量的线性累积，只能导致企业的积重难返。

企业在成长中会遇到哪些拐点？通过大量的观察与实践，我发现有五个拐点在发挥着关键作用，它们分别是战略拐点、组织拐点、人才拐点、运营拐点和文化拐点。当企业陷入某些困局，一定是与其中一个或几个拐点高度相关。

一、你的企业遭遇了什么拐点

企业成长的历程，就是不断遭遇困局、突破困局的历程，没有一家企业的成长是一帆风顺的。困局多种多样，有的只会影响企业量变的进程，而有的则会阻碍企业质变的发生。困局、影响企业成长的质变、拐点，这三者之间存在着一定的对应关系。我们可以从企业遭遇困局时的具体表现，来判断企业遭遇了哪个拐点。

1.如何判断战略拐点

所谓战略拐点，即由于企业战略模式的主动选择与市场竞争的客观规律之间产生背离，从而导致业务增长出现停滞甚至衰退的临界点。随着市场规律和竞争方式的演化，企业现有战略模式所决定的成长空间逐步被压缩，最终达到一种瓶颈状态，即企业遭遇了战略拐点。

如果企业出现了下列这四类情形，就说明企业遭遇了战略拐点。

等风来：搭乘时代的顺风车

很多企业在创业初期顺风顺水，业务扩张的速度很快，企业家们感觉犹如神助一般，甚至有的企业家开始相信命运、相信风水、相信神明，并希望好运气能一直持续下去。但随着业务的扩张，慢慢地，企业经营没有以前那么顺利了，产业和行业越来越不景气，企业被打回了原形，甚至情况更糟。

有位企业家 2003 年开始创业，从为煤矿提供辅助设备起步，后来又搞厂矿建设，最后自己开煤矿。没承想，他迎来了煤炭产业的"黄金十年"，财富爆炸式增长。他从一个小本生意人迅速变成亿万富豪，享受着物质财富带来的荣耀和奢华，好不逍遥自在。从 2012 年开始，煤炭产业持续低迷，煤炭企业集体陷入亏损。这位企业家前期积累的财富，一大半又亏了回去。这时，他才发现，原来这么多年，企业的命运完全交给了市场，交给了行业，自己对企业没有影响力，更不用说有改变企业命运的能力了。

这类企业就是活在风口里。企业家不清楚自己是如何成功的，同样也不清楚自己为什么会失败。当风停了，他们才知道自己根本不会飞，唯一能做的就是等风来。

小池塘：画地为牢

小池塘里是不可能钓到大鱼的。要想钓大鱼，就必须找大池塘。企业家在创业之前，就要判断自己的业务领域是个小池塘还是大池塘。

在广东省中山市小榄镇，有一个生产指甲钳的公司，从 1998 年创立，至今已近 20 年。这家公司生产的指甲钳远销世界各地，国外市场收入占比 55% 左右，国内高端市场的占有率达到 60%～65%，在全球市场排名第三。然而，这样一家占据一大半市场份额的公司，年销售额只有区区 2 亿多元。

在浙江台州，有一家生产纽扣的公司，连续 16 年成为世界上最大的纽扣生产企业，目前拥有世界五大洲的国际性专业客商 200 多家，产品出口收入占其总收入的 18%。同时，这家公司在国内中高端市场占据 15%～20% 的份额，位居产业首位。然而，这样一家在纽扣产业做到世界第一的公司，年销售额也不过八九个亿。

指甲钳、纽扣，都是小产业、小池塘。小池塘里，长不出大鱼；小产业中，孕育不了大企业。企业家如果对企业发展还有更高、更大的期望，就必须跨出产业边界，寻找更广阔的业务领域。

透明体：你挣多少钱由别人决定

一个企业能挣多少钱，大家都能想象得到；或者一个企业能挣到多少钱，是由别的企业来决定的，这样的企业就是透明体。

某建筑企业的老总曾告诉我，他们作为总承包商承包一项工程后，会按照专业进行分包。但在选择分包商时，他们会把握一个原则，叫合理低价。分包商按照建筑业的定额标准做的工程预算只是一个报价基数，各家分包商要竞标，就是要比谁在基数上下浮的点数多，下浮的越多，中标的可能性越大。不过，总承包商心中有一个底线，就是下浮点数超过一定限额之后，是不能让该分包商中标的。因为他们非常清楚，如果让分包商低于底线中标的话，分包商要想赢利，必然会通过偷工减料来实现，这样最终会损害总承包商的利益。在这个分包商相互竞争的场景中，分包商在总承包商面前，就是透明体。此时，总承包商完全能掌控分包商的利润水平，让你挣多少，你就只能挣多少，没有任何反抗的余地。

一吨钢的利润有多少？在钢铁产业的黄金期能达到1000元左右，相当于一部普通手机的价格，其后逐渐下滑到一公斤猪肉、一瓶矿泉水的价值水平。2013年上半年，一吨钢的利润一度只有0.43元，而现在生产一吨钢则亏损100元。2016年3月10日，中国钢铁三大央企之一的武钢集团董事长马国强表示，武钢集团正在进行人员分流，将有半数员工不再从事钢铁产业，这意味着有4万员工将丢掉饭碗。钢铁产业哀鸿遍野，是经济周期波动带来的吗？

我们回放历史上一个关键的节点：2011年是我国钢铁产业在新世纪以来首度出现全产业亏损的转折点，而同年铁矿石供应商的经营境况如何？力拓、必和必拓和淡水河谷三家企业2011年的净利润高达386亿美元。为什么这三家企业能收获高额利润呢？其实，中国钢铁企业在产业链上的被动角色，决定了它们只能为铁矿石供应商打工。铁矿石供应商依靠垄断地位随意提高铁矿石价格，对钢铁企业的利润进行重新分配。它可以设定钢铁企业的利润率，钢铁企业能保持多少利润由铁矿石供应商说了算，钢铁企业在它面前被一眼看穿。当经济下行的时候，铁矿石企业会先牺牲钢铁企业的利益来减缓它们自身的压力，钢铁企业的日子就会非常难过。同时，铁矿石企业又会把握一个度，让钢铁企业不会全部饿死，还有一部分能勉强度日，以保障整个产业链条的完整性和发展的持续性。

被替代：被时代抛弃

无论什么样的产品或服务，都是用来满足客户需求的。当满足客户同一类需求的产品或服务非常多时，它们之间就存在替代关系，客户会选择品质优良、性价比更高的产品或服务。

2012年9月6日，河北泊头火柴有限公司举行资产处置拍卖会，公司最后一批设备被拍卖，这标志着亚洲最大的火柴生产企业彻底破产。该公司始建于1912年，时任中华民国代总统的冯国璋以四万元现洋入股公司，改写了国人依赖洋火的历史。然而，如今打火机和电子打火器成为火柴的替代品，百年品牌"泊头火柴"不得不成为历史。现在除了酒店等场所的极少量需求外，火柴基本退出商业舞台。

同样是在2012年，百年企业柯达申请破产保护。这家企业成立于1881年，是世界上最大的影像产品及相关服务的生产商和供应商，总部位于美国纽约州罗切斯特市，业务遍布全球150多个国家和地区，员工约8万人。然而，在信息化时代，数码相机成了胶卷相机的替代品，尽管柯达在1975年就发明了世界上第一台数码相机，但自身转型慢了，同样难以摆脱被甩出历史舞台的命运。

这四大情形之间是"1+3"的关系（见图1-1），"等风来"是"1"，是入门级的战略困局，说明企业家对战略不具备主动思考的意识和系统思考的能力，往往把经营目标、口号和方向当战略。当企业处于"1"这种情形时，企业家或管理者就需要补一些有关战略的基础课，对战略形成正确的、系统的理解，这样才能迈进战略之门，思考和探讨战略本身。"小池塘""透明体""被替代"是"3"。"小池塘"说明企业选定的业务领域已经无法承载企业的下一步发展；"透明体"说明企业在产业链上陷入了被动局面，只能任人宰割；"被替代"说明产业变迁、需求演变已经让企业历史上的生存基础被瓦解。这三种情形均代表着企业的发展触及了战略的边界，受困于战略拐点。此时，企业必须找到突破拐点的新模式，才能开启新的征程。

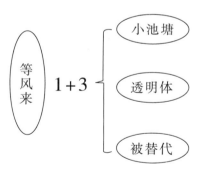

图1-1 遭遇战略拐点的四种现象

2.如何判断组织拐点

所谓组织拐点，即由于组织方式的主观选择与业务规模扩张的客观要求之间产生背离，从而导致组织的效率降低，危及企业市场竞争优势的临界点。随着业务和人员规模的扩张，企业现有的组织方式逐步接近最大承载负荷，最终达到一种瓶颈状态，即企业遭遇了组织拐点。

如果企业出现了下列五大现象，说明企业遭遇了组织拐点。此时，企业必须改变组织方式，重新定位员工角色、构建工作关系。只有这样，才能够释放员工的才能，解放组织的生产力。

忙不过来：不眠不休仍不能解决问题

创业初期，企业家亲力亲为是再自然不过的了，自己既当采购员，又当销售员、库管是常有的事。但随着企业的扩张，业务量越来越大，员工越来越多，每天需要处理的事情千头万绪，这就对企业家的精力和能力构成挑战。

河北一位老板，每天一到公司，办公室外面就排起长队，这些都是来请示、汇报和让他签字的员工。员工的椅子背上，经常见到一些毛毯搭在上面，这是干什么用的呢？原来，有时候老板白天在外面办事，傍晚才来办公室，排在队伍后面的员工，可能前半夜都轮不到，就干脆拿个毛毯在办公室边休息边等着被召见。这位老板也感到非常疲惫，每天签批报销单据都到半夜，后来实在熬不住了，就采取了一个措施：每个报销单据在金额上打个八折，这样就不用一个一个审核了，这样做的理由是他假设这里面有20%的水分。这势必让诚实的员工蒙受损失。于是，上有政策，下有对策，员工在填写报销单时，故意提高金额，这样再打个八折之后，正好达到自己的预期。此外，还有一个现象越来越明显：企业里的问题，如果老板亲自发现了，很快就会得到解决；如果他没发现，这个问题就搁置在那里无人问津；某些方面如果他长期不关注，就会出现员工损公肥私的腐败现象。

这位老板的精力和能力已经发挥到了极限，但仍然感觉忙不过来，很多事情都来不及处理。

责任空转：转来转去回到原点

企业里部门设置越来越多，分工越来越细，但部门之间的配合却越来越不顺畅，尤其是当问题出现时，各部门都在试图撇清自己的责任，而指责其他部门。

某企业的经营分析会上，争吵声不绝于耳：

工程部经理：本月施工计划之所以没有完成，是因为材料供应不足，耽误了施工。

采购部经理：市场上的原材料充沛得很，之所以没有及时采购，是因为咱们付款不及时，供应商不允许我们再拖欠货款。

财务经理：公司的资金是提前计划好的，你们不提前报计划，怎么给你们付款呀？

采购部经理：计划不及时，也不是我们的原因，工程部提的需求就不准确，后来又调整了工程量，只能临时采购了。

工程部经理：采购部就是为施工现场提供"弹药"的，是你们的服务水平不到位！

……

责任就像皮球一样，由工程部经理踢出去，转一圈又被踢回来，如此反复，好像谁都有理由，谁都没有做错，但问题就是得不到真正解决。

自燃不燃：自燃型员工都不燃了

日本"经营之圣"稻盛和夫认为员工分三类：一类是能够自主燃烧

的自燃型；一类是需要被点燃的可燃型；还有一类就是不管怎样都无法燃烧的不燃型。企业里如果连自燃型的员工都不再燃烧了，那一定是组织方式出了问题。

有一位老板说，他把自己的工作热情假设成 100℃，传导到高层管理者就降低到了 60℃，传导到中层管理者就只剩 30℃，而基层员工基本上感受不到热度。这位老板自认为有很好的战略想法，但总是执行不到位，整个企业就他一个人在唱独角戏，其他管理者和员工的工作动力严重不足。老板为了改变这种状况，给员工提高了薪酬待遇，还多次组织员工集体旅游，想借此活跃团队氛围，但收效甚微。他很纳闷：以前非常积极主动的员工，为什么也变得无精打采了？

尾大不掉：部门不服从你的管理

企业在扩张的过程中，各部门也在发展壮大，有的部门自恃在组织中发挥着关键作用，会变得越来越难以管控。

河南有一家上市企业，海外事业部是企业内最强势的部门。有一次，海外事业部的员工因为没有事先按照企业的流程进行申报，就自行购买了一台笔记本电脑。在报销时，财务部门以不符合流程为由不予报销。海外事业部的孙总认为财务部门不给自己面子，难为自己的兄弟，于是到财务部门去理论。最后，事情闹到了老板那里，老板处理起来也很为难。按规则讲，财务部门的做法是正确的，但老板又不得不照顾孙总的面子和情绪，最后只好用"下不为例"这种和稀泥的方式来收场。

海外事业部为什么这么强势？原来，这个部门是孙总一手筹建和发展起来的，海外的客户资源都掌握在孙总的手里。孙总平时对部门员工非常关照，甚至为了维护员工的个人利益，不惜破坏公司的制度。他的这种做法，对企业来讲是不利的，但他团队的员工却对孙总感恩戴德、言听计从、忠心不二。凭借着对海外客户资源的把控和一帮"忠诚"下属的支持，孙总在公司里开始耀武扬威起来，经常破坏企业的规则。老板曾经向海外事业部派驻新人，尝试打开这个封闭的团队，但去的人都被孙总以各种理由给排挤出来。老板为了维持海外市场的经营业绩，稳定整个公司的大局，只能选择忍让和迁就。

走不出去：一放就乱，一收就死

在企业进行跨区域发展的时候，会在异地设立分支机构。由于地理因素的影响，总部对分支机构的管理，需要采取合适的方式。

有位老板在跨区域发展方面，摸索尝试了三年多，仍没能让企业真正走出去。在开始阶段，老板认为应该给予异地分公司充分的授权，因为天高皇帝远，总部管控不过来。按照这种思路推行了一年，发现异地公司积极性确实很高，开疆拓土，大刀阔斧，很快就打出了一片天地。正当老板满心欢喜，憧憬着以这个异地分公司为样板复制扩张时，分公司负责人却提出了辞职，这让老板深感诧异：干得好好的，为什么要辞职呢？几经周折，他终于弄明白了，原来这位分公司负责人看到业务前景很好，又在当地积累了足够的市场资源，所以想自己单干。老板尽力挽留也无济于事。分公司负责人辞职后，还把很多优秀的员工带走了，这个分公司就成了一个空壳，老板为此痛心不已。

痛定思痛，老板认为问题出在了对异地分公司的放权过大上，于是开始收紧对异地分公司的管理，此后分公司无论大事、小事都要向总部汇报。调整后，异地分公司的管理团队的确非常听话，按照总部的指令亦步亦趋，但业绩一直发展不起来。坚持了一年多，由于经营上入不敷出而难以为继，分公司最后只能关闭。这位老板遇到的境况，应了管理上常说的一种现象："一放就乱，一收就死。"

上述五种现象，都表明企业在组织方式上遇到了拐点。"忙不过来"说明企业需要突破个人化管理的状态；"责任空转""自燃不燃"说明企业必须在责任划分和责任分解落实的方式上做出转变；"尾大不掉""走不出去"说明企业的管控机制不完善，必须进行系统的搭建。五种现象体现出的组织问题是递进关系，"忙不过来"出现在企业从个人化管理到组织化管理转变的过程中；"责任空转""自燃不燃"出现在组织跟随业务规模扩张的过程中；"尾大不掉""走不出去"出现在企业多元化业务扩展或跨区域发展的过程中。搞清楚每个阶段出现的相应的组织问题，才更容易系统地去解决。

3.如何判断人才拐点

所谓人才拐点，即由于人才能力水平与组织对人才的期望之间产生背离，从而导致个人业绩及组织目标无法实现，危及企业市场竞争优势的临界点。随着战略推进和组织方式深化，对企业现有人才的能力水平逐步形成挑战，最终达到一种瓶颈状态，即企业遭遇了人才拐点。

人的管理非常复杂，涉及很多方面：人是否合适？是否能招得来？是否能留得住？是否有积极性？业绩好不好？团队配合是否默契？……哪一个方面处理不好，都无法达到预期。我接触的众多企业家，几乎100%都认为自己的企业存在人才管理问题。人才管理问题大致可分为四类。这四类问题突出的企业，说明遭遇了人才拐点。

能力断层：创业元老跟不上了

创业的企业家普遍存在一个感受，那就是随着企业的发展和扩张，管理团队的能力越来越跟不上企业的要求，对企业家的战略意图理解不到位，对企业家交代的任务执行偏差太大，能力断层现象越来越严重。

这个普遍现象的背后存在着必然的因素。创业成功的企业家，一般都具有个性强势、信念坚定的特点，否则很难创业成功。这种企业家带领的管理团队，成员通常具有"万金油型""助手型"的特征。创业初期，业务波动大，临时事务多，管理团队很难进行严格的职责分工，都是遇到什么事就做什么事，财务人员可能去接货了，行政人员可能去跑客户了……这对那些从管理规范的大企业出来的职业经理人来说，是非常不适应的，即使初期招募了这样的人才，他们最终也会由于这种"混乱"的管理而选择离职。能适应这种管理状态的，都是那些专业技能虽然不精，但什么事都能对付一下的人，就是我们通常说的"万金油型"人才，这与通常说的"复合型"人才是有区别的。此外，企业家个性强势，导致身边的管理人员比较顺从，即使有不听话的管理者，也会在冲突中要么被折服了，要么离开了，管理者们就逐步变成了没有主见，其实是不敢有主见的"助手型"人才。

创业阶段，"万金油型"和"助手型"人才组成的管理团队与强势企业家形成的结构还是比较匹配的，但随着企业规模的扩张，企业的战略模式会越来越清晰，组织的分工会越来越完善，因此对专业技能的要求也会越来越高。这就要求专业的人做专业的事，管理团队和员工要从"万金油型"和"助手型"人才转变为"职业化"和"专业型"人才。难题就出现在原来的团队很难直接转化为企业所需要的人才，能力断层成了创业企业成长和扩张过程中难以避免的"痛"。

有的企业已经渡过了创业扩张阶段，但随着环境变化，企业需要战略转型，这也对人才提出新要求。尽管原来的团队对原来的战略来说是匹配的，但在与新战略的匹配上却偏差很大，出现能力空白，这也会导致能力断层现象出现。

南橘北枳：空降人才不适应

能力断层，意味着内部的员工转化和提升已经非常困难，需要从外部引进人才，但很多企业在人才市场上也屡屡碰壁。你看上的人才，人家看不上你：有人觉得你的企业小，没名气；有人觉得你的行业小，没前途；有人觉得你的企业待遇低；有人觉得你的企业不稳定，没有安全感；有人觉得你的企业上班地点太偏僻……而看上你的，你又觉得人家能力还不够，职业背景不够光鲜……总之，企业和人才能够互相看上眼的非常少。

即使招募到了理想的人才，人才的落地也演绎着一幕幕"南橘北枳"的故事。这些人才，大多来自于更规范、更有名气的企业，并且处于较高的职位。他们被招募来之后，企业家往往对他们充满期望，希望他们能让企业旧貌换新颜，实现变革升级的目标。但期望往往最终会变成失望，这些在原来企业做得非常好的人才，到这之后就像变了一个人一样，根本没有想象中那么能干。这些人才也有心理落差。他们之所以从原来的企业跳槽出来，除了以多年积累的经验兑现更高的薪酬之外，他们还希望找一个新舞台能让自己大展身手，实现自身价值。但到了新企业后，他们会感觉很多方面不尽如人意：企业家对自己不够信任，团队其他成员对自己的工作支持力度不够，企业管理混乱，难以入手开展工作……于是，一开始的激情，在现实中被一天天消磨，直至心灰意冷。

河北一家企业通过猎头高薪聘请了一位从外资企业出来的职业经理人，年薪150万元，担任公司的常务副总，协助老板开展日常工作。初期老板对他非常看重，交代给他很多重要的事情，但进展都不是很顺畅，结果也差强人意。渐渐地，老板开始怀疑是不是选错了人。而这位职业经理人也有自己的苦衷：他在推进工作过程中，发现其他管理人员都不愿意配合。原来，其他人都是企业的元老，跟着老板死心塌地做了很多年，一年的工资也就才50万元左右，而从外面聘请个职业经理人，就给他150万元的年薪。他们私下聊天就说："既然外人这么贵，一定比我们能干，那就让他自己去干好了，我们工资少，就少干点儿。"所以，他们都把活儿推到这位职业经理人身上，甚至人为给他设置障碍，就想看他的笑话。这位职业经理人四处碰壁，孤立无援，也就很难做出成绩，老板对他的信任也逐步降低，对他的支持力度逐步减弱，工作就更难推进，于是陷入了恶性循环，最终他不得不选择离职。

逆向流动：好员工都流失了

企业的人员流失，有利有弊。正向流动，也就是淘汰差的，引进好的，有助于企业吐旧纳新，提高人才的质量；逆向流动，也就是好员工主动流失，则让企业的专业能力受到销蚀。

一家偏远地区的企业，当地人才匮乏，老板曾想从外地引进高端人才，但由于地理位置原因没人愿意来，企业只能靠培养本地化人才的方式来支撑企业发展。老板大胆启用年轻人，虽然他们经验不足，会在工作中带来很多问题，企业为此承担了很多试错成本，但老板认为这是值得的，就当为这些年轻人交学费了。他满心期待这些年轻人尽快成为企业的中流砥柱。但最近发生的事让他心痛不已。原来，有几个年轻人，在关键岗位上锻炼了几年，眼看日益成熟却提出离职，要去大城市发展。老板在气愤和心痛之余，也陷入了深深的思考：这是特例，还是必然？如果是必然的话，企业辛辛苦苦培养的人才最后不都会流失吗？企业应该如何做，才能避免这种情况出现？

另外一家企业，老板希望员工能快乐地工作，所以营造了宽松的工作环境，员工弹性上下班，平时也没有严格的考核，企业业绩好的话，还会给大家发奖金。而且，为了避免矛盾，每个人奖金的差距也不是特别大。他还经常做员工满意度调查，结果显示员工满意度都非常高，为此他很欣慰。但后来他发现一个现象，就是骨干员工的流失率开始上升。这让他很不解：难道让员工快乐工作有错吗？这些骨干员工不喜欢宽松的工作环境吗？

专而不专：专业化并未带来业绩提升

人力资源管理是管理学的一个专门学科，有很强的专业性。很多企业家从创业到企业发展壮大，都是靠直觉和经验在管人。当企业员工数量越来越多、管理日益复杂时，他们意识到了专业化的人力资源管理的重要性，会开始重视人力资源管理专业体系的建设。

某企业为了提高人力资源管理的专业性，着手建立绩效考核体系。过去的绩效考核很不规范，老板凭主观印象直接对员工做出评价，发奖金也没有规则，都是拍脑袋决策。尽管这种管理在过去并没有出现太大问题，但老板认为还是太"土"，管理不够"高大上"，必须聘请专业的人才，搭建专业化的管理体系。于是，企业成立了人力资源管理中心。为了重点推进绩效体系建设，企业还设立了绩效管理部，并花重金聘请了外部管理咨询机构来设计方案。经过三个月的梳理、讨论和设计，企业为每一个职位量身定制了绩效考核指标。绩效管理部每月都要收集和处理大量的考核数据，整理考核文档，经常加班到深夜。员工也感觉到了压力，都把自己的考核表贴在办公桌上，时刻提醒自己还有哪些工作没有做好。各级主管每月底要给属下员工打分，按照方案强制执行，还要与员工进行绩效沟通，每到月底就忙得连轴转。每月考核结果出来之后，会形成绩效考核报告。老板看到员工的绩效考核结果整体上还是令人满意的，内心也得到些许宽慰。半年之后，老板开始觉得不对劲，到年底老板更是疑惑不解：这一年下来，员工不能说不努力，加班成了常态，每月的绩效考核得分也都很高，但唯独企业的整体业绩并没有增长。为什么绩效考核体系这么专业，员工这么努力，并不能带来业绩的提升呢？

这位老板的困惑，并非个例。很多管理者都怀疑过，高薪聘请的人力资源"专家"，在企业里推行的"五花八门"的工具与方法，到底有没有用？这些看不太懂的"专业"方案，如果不能带来业绩的提升，那还叫"专业"吗？

"能力断层"问题与人才本身直接关联，必须用人才来补。后面三类问题与人力资源的管理机制相关。"南橘北枳"说明企业的"土壤""养分""光照"等环境有问题；"逆向流动"说明管理机制不是在优选人才，而是在挤压人才；"专而不专"说明人力资源管理陷入了"专业"陷阱，与业务经营脱离，形成了两张皮。

4.如何判断运营拐点

所谓运营拐点，即由于规模化企业的组织运行复杂性和内在一致性要求之间产生背离，从而导致组织局部与整体之间脱节，使企业的反应速度降低至危及市场竞争优势的临界点。随着企业规模扩张和专业化分工加深，对组织运行协调机制的要求不断提高，最终达到一种瓶颈状态，即企业遭遇了运营拐点。

运营不是营销、生产、研发和采购等职能的简单组合，而是将企业的每一部分职能都调动起来，按照一定的秩序运行，使企业在整体上以合理的效率实现目标。初创企业有自组织起来的本能，企业家就是自组织的中枢；而规模较大的企业，必须通过运营机制有意识地进行组织协调，使企业的每一部分都达到内在的一致性。

下列四类现象，代表着企业遭遇了运营拐点。

分工不增效：人越多，效率越低

管理学的理论奠基人亚当·斯密提出分工理论，就是为了揭示效率的来源。他以扣针工厂为例加以说明：一个没有受过专门训练的劳动者，无论如何努力，一天也生产不了 20 枚扣针，但有了分工之后，经过前后 18 道工序，每人每天可以生产 48000 枚扣针。

企业由小到大的发展过程，也是不断分工的过程，但是当企业的规模达到一定程度之后，就会出现分工导致效率降低的现象。

某企业在集团总部设立了 20 多人的成本管理中心，执行对各子公司的成本管理职能。其他规模相当的同行，总部负责成本管理的部门平均在 10 个人左右，所以该集团总部的成本管理团队算是超额配置了。但是，在做企业年度规划时，成本管理中心又提出了增加 5 个编制的需求。这让老板很纳闷：同行 10 个人就可以干的事，怎么自己的企业 20 个人都干不过来，还要再加人呢？于是，他让成本管理中心来汇报增加编制的理由。听完之后，他发现理由很充足，于是明确界定了这 5 人的工作内容和负荷量，同时还感觉增加 5 个人都非常紧张。

还有一位老板给我讲他企业的情况。在创业初期，因为员工人数少，他和员工不分你我，同吃同住，一起加班加点，有事抢着干，效率非常高。后来业务发展了，分工越来越细，员工人数越来越多，但他发现员工的干劲儿开始减退，尤其是那些一起打拼过的老员工，他们不再像以前那样主动加班加点，开始变得斤斤计较了，干活时分得清清楚楚，哪些是自己干的，哪些是别人干的，不属于自己的事情就不愿意去做。以前两个人能做的事情，现在安排四个人去做，还没有以前做得快、做得好。

这两家企业遇到了同样的问题，也就是分工理论好像失效了，分工达到一定程度之后，就不再带来效率的提升，反而导致效率降低。

责任难追究：完不成任务，谁都没责任

出了问题，谁负责？这本是一个简单的问题。但是，随着企业规模的扩张，责任就开始变得拉扯不清。

也许你会说，可以通过签订目标责任书的方式，把责任明确落实到人头上。很多企业就是这样做的，每年底组织编制下一年度的工作目标和计划，各部门认真总结、分析、论证，经过多轮修改，最终确定下来。然后，把总目标和分目标落实到各级管理者头上，方式就是签订目标责任书。有的企业为了表示责任落实的严肃性，会举行隆重的签字仪式。如此流程走下来，责任应该算是落实得很清楚了。

然而，年底在进行绩效考核的时候，却发现本来清晰的目标责任书，已经变成了一张废纸。年初的组织结构、年初的分工、年初的管理权限、年初的经营条件等，在一年当中发生了很多变化，目标责任还算不算数？如果目标实现了，还算好说；如果目标没有完成，是谁的责任呢？外部环境变化带来了什么影响？企业本身的调整带来了什么影响？管理者本人的努力带来了什么影响？哪方面的影响是导致这个结果的关键因素？没人能讲清楚。那就意味着，管理者可以不对年初签订的目标承担任何责任。

执行打折扣：政策朝令夕改，上下各有苦衷

到企业去访谈，我经常听到中基层员工反映一个普遍现象，那就是老板或上级的思路变化太快，政策朝令夕改，让员工无所适从。频繁变化导致员工出现"等等看"的心态。他们发现如果上级发出一个指令，你立马行动的话，可能干了一半，这件事就会被叫停或者调整。员工总结出这个规律之后，每次接到指令，先按兵不动观察一段时间，看还会不会变化，如果确信不变了，他们才真正去落实。这种变化还会导致出现很多临时任务，使员工经常承担一些职责范围之外的事务。有的员工对这种境况难以忍受，心生抵触，满腹怨言甚至会选择离职。

但在老板看来，为了让企业更好地适应市场需求，就必须保持组织的灵活性，变化是在所难免的。一般来讲，老板所掌握的信息比员工更全面，所以根据情势适时调整是再正常不过的了，但员工由于信息不对称，没有感受到环境的变化，以为市场上风平浪静、企业运作一帆风顺，不理解老板朝令夕改的背景和原因，就出现了执行打折扣的情形。

员工普遍希望一件事确定下来之后，就按照计划和时间节点按部就班地推进，这样工作才能职责明确，执行起来也能有条不紊、心安从容。老板却认为市场环境中没有一件事是确定的，随时都会发生变化，所以他必须做出改变。因此，老板和员工之间就形成了难以调和的矛盾。

脚踩西瓜皮：有问题不知道怎么解决

企业一般都会制定一个明确的经营目标，但能够顺利实现并不那么容易。很多企业年初口号喊得震天响，年底就偃旗息鼓、不作声了，因为目标与实际偏离太大。与一位企业家交流，我问他为什么会出现这种情况。他说很多因素不受控制，年初规划得很理想，实际执行起来很多环节发生了变化，一步跟不上，步步跟不上，只能眼睁睁地看着与当初的预期渐行渐远，慢慢自己也逐渐接受了这样的现实。一年下来，他感觉自己经营企业就像脚踩西瓜皮，滑到哪就算哪。问他为什么不采取纠偏措施，他说影响因素太多，每个因素好像都与经营目标相关，但每个因素又无法直接影响经营目标，于是就不知道从哪个因素入手，才能够对目标产生关键影响。

这些运营中的无奈，不是某一个要素出现问题，而是多个要素组成一个复杂的系统之后，在整体运行效率上出了问题。单独审视每一个要素，可能都是没问题的，但把诸多要素组合到一起，运行效率就出问题了。这就像人的五官，单看眉、眼、耳、鼻、口，都挺好看，放到一起就不好看了，这就是运营拐点。

5.如何判断文化拐点

所谓文化拐点，即由于管理者主观理念偏好或认知局限与市场竞争或管理规律的客观要求之间产生背离，从而导致企业成长空间无法继续拓展或运行效率无法继续提升的临界点。在企业成长过程中，随着战略、组织、人才和运营等各种拐点的交替出现，企业的哲学思考深度和理念统一能力面临考验，最终达到一种瓶颈状态，即企业遭遇了文化拐点。

企业遇到的问题多种多样，可能与战略相关，也可能与组织、人才、运营相关。但文化拐点的问题，会穿透企业的战略、组织、人才和运营，直达企业的文化层面，触及企业的灵魂。

以下五种状况，代表着企业遭遇了文化拐点。

难改初心：什么人做什么事儿

做游戏产业从来都不是陈天桥的初心。2004年盛大上市的时候，创始人陈天桥风光无限，红极一时，被"最年轻的年度经济人物""中国互联网的先驱"等光环笼罩着。陈天桥自己都没有料到，《传奇》这款游戏一经上线，竟如此受中国网民的追捧，彻底改变了中国网游甚至互联网的进程。时至今日，中国仍没有一款游戏能够在影响力上超越当年《传奇》创造的奇迹。但陈天桥的内心是极度厌恶《传奇》的，他曾说："《传奇》是个烂游戏，盛大是个好公司。""有人玩我的游戏玩到心脏病发作而身亡，《人民日报》头版都点过我们的名……""有《传奇》玩家因丢失装备冲入我的办公室，指着我的鼻子大骂。"陈天桥一再表示，游戏只是其赚钱的工具。陈天桥对游戏的态度，决定了盛大的态度。多年来，盛大在游戏行业始终没能建立起一支顶尖的研发团队，《传奇》之后，其自主研发的游戏无一成为经典。盛大轻视游戏，对手们却将游戏作为战略重心，此消彼长之间，盛大丢失了竞争优势。盛大过去几年在文学、版权、影视和音乐等方面的拓展，就是陈天桥未竟理想的自我实现。陈天桥一再表示：我希望别人提起盛大时，绝不仅仅想到游戏。

舆论危机：企业价值观要与社会价值观一致

企业作为社会的组成部分，一定会受到社会主流价值观和道德的约束，处理不当则会给企业带来致命的打击。"魏则西事件"就把百度推到了风口浪尖之上。魏则西是西安电子科技大学的学生，体检得知罹患滑膜肉瘤，病情已进入晚期，通过百度搜索得知武警北京总队第二医院能治疗此病。魏则西在武警北京总队第二医院先后接受了4次治疗，花费了20多万元，病情却没有好转。魏则西在一则题为"你认为人性最大的恶是什么？"的帖子里，写了这样的文字："百度，当时根本不知道有多么邪恶，医学信息的竞价排名，还有之前血友病吧的事情，应该都明白它是怎么一个东西。"魏则西去世后，作为对此事件的回应，百度以违反职业道德的理由将主导搜索营销业务的副总裁王湛辞退。百度董事长兼CEO（首席执行官）李彦宏罕见地以创始人身份就百度价值观和商业模式做出表态，写了一篇《勿忘初心，不负梦想》的内部信，提出要重新审视公司的商业模式，就算牺牲收入也在所不惜。

与百度形成鲜明对比的是谷歌，在著名的谷歌"十诫"中，有一条是"赚钱不必作恶"。它的解释是这样的：除非广告内容与搜索结果页的内容相关，否则，就不能出现在我们的搜索结果页上……我们绝对不会通过操纵排名的方式，将我们的合作伙伴放在搜索结果中排名靠前的位置。另外，也没有任何人可以购买到更高的Page Rank（页面排名）。我们的用户信任谷歌的客观性，我们绝不会为任何短期利益去破坏这份信任。

实际上，这个戒条也是谷歌付出了高昂代价之后得来的。2011年，美国联邦调查局发现谷歌存在网络药品虚假广告问题，谷歌被罚5亿美元。当年，谷歌的净利润约为97.4亿美元，罚款占了当年净利润的1/20。为了长远利益和声誉，谷歌明确提出"不作恶"的戒条。

分道扬镳：理念不同总会分手

企业在生死存亡时刻，最容易统一思想，所有人的关注点都聚焦在"活下来"这个关键点上。但是企业在活下来之后，有了一定的积累，核心骨干甚至合伙人之间的矛盾反而开始浮现。

联想集团始创于1984年11月，柳传志担任总裁，倪光南担任总工程师。1994年，这两大核心人物在公司的发展方向上产生了严重的分歧。倪光南主张走技术路线，选择芯片为主攻方向；而柳传志主张发挥中国制造的成本优势，走贸易路线。1994年前后，倪光南奔波于上海、香港等地，广揽人才，成立"联海微电子设计中心"。他对这项被称为"中国芯"的工程倾注了极大的热情，但是遭到了柳传志和常务副总李勤的反对。

柳、倪两人的关系迅速恶化，联想的每一次工作会议都成了两人的争吵会。1995年6月30日，联想董事会免去倪光南总工程师的职务。

在柳传志的领导下，联想有了今天的成绩。但联想的硬伤也非常明显，因为"贸工技"（贸易——流通环节，工厂——生产环节，技术研究——科研环节）的战略路线，使联想丢失了技术基因。尽管2001年4月杨元庆正式掌管联想时，明确提出技术突围的口号，但多元化扩张，使得联想在各领域都铩羽而归。联想在收购IBM后，柳传志也公开提出："贸工技路线到现在已经告一段落。IBM的技术正好可以弥补联想的短板……当初我们选择收购，主要是冲着IBM的笔记本去的。"历史转了一个圈，终于又回到了原地。

我们设想一下，如果当年倪光南赢了，联想会不会成为今天的华为？我们很难判断谁会把联想带到更成功的未来，但可以肯定的是，两个人分道扬镳是必然的事。

这是知名企业内部的一场纷争，自然引起了很多人的关注。其实，在大众视野之外，因发展理念不同而分道扬镳的故事，仍然在众多不知名的企业里一遍遍地上演着。

对对之争：用好"牛人"才真牛

每个企业都希望招募到有才能的人，为此企业家和人力资源部门挖空心思，付出高昂的薪酬和代价。但实际上是，招募人才并不是企业遇到的最大挑战，而是人才引进来之后用好人才的问题。

企业希望有才能的人既听话又能干，而事实恰恰相反，越能干的人，越不听话，他们有自己的主张，有自己的处世原则，并且不会轻易改变。

一家科技企业引进了各技术领域的"牛人"。这些"牛人"各领一个团队，参与某个重要产品的设计和开发。产品样机出来之后，测试时发现了很多问题。于是老板召集各路"牛人"开会，分析产品出现问题的原因。分析会上，各"牛人"之间争执不断，都认为自己负责的专业模块没问题，一定是其他模块出现了问题。他们吵来吵去，也无法得出定论。老板虽然也是技术出身，但不可能精通产品所涉及的每一个领域，所以也难以做出明确的判断，产品分析会开不下去了。让老板苦恼的是：没有"牛人"，产品就研发不出来，但一堆"牛人"凑到一起，如何才能够让他们互相配合，共同干成一件事呢？

技术"牛人"聚在一起容易出现问题，管理"牛人"聚在一起也会冲突不断。一家新成立的金融服务企业，组建了一个豪华的管理团队，团队中每一个管理者都有光鲜的职业背景。老板非常满意，但很快他就发现：这些人之间的沟通非常不顺，因为他们的管理语言体系不一样。管理风格、工作模式不一样，各部门之间的配合总是不合拍；对企业的理解不一样，每个人眼中都有一个不同的画面。但是，谁都不想改变自己，因为多年的从业经验让他们非常自信地认为自己是正确的，其他人是错误的。

因此，对老板来说，困难并不是在对错之间做出选择，而是在对对之间做出选择。

幸福陷阱：只追求员工幸福不是真幸福

"幸福企业"在这几年成了一个热词，很多企业家都在谈论如何创建幸福企业，一些机构也闻风而动，举办各类幸福企业评选活动，甚至有人把创建幸福企业上升到关乎"中国梦"能否实现的高度。

幸福企业立足的逻辑很简单："员工幸福，顾客才能满意，企业才能发展。"但事实真的是这样吗？

河南胖东来商贸集团公司就是一家追求幸福的企业代表。它创建于1995年，总部在许昌，是一个区域性的商业零售企业。老板于东来倡导公平、自由、快乐和博爱的企业文化，企业以高薪水、高福利、自由和快乐闻名于业界，曾被誉为"中国最好的店"，更有"百货业的海底捞"之称。据称胖东来的一个普通店长，每年都可以拿到十几万元，高于同业30%以上。于东来还打破了国内零售业无假日的先例，宣布胖东来每周二闭店休息。鼎盛时期，胖东来在许昌、新乡等城市拥有30多家连锁店，7000多名员工。但胖东来蓬勃发展的势头并没有维持太久。随着人工成本的上升和市场竞争的加剧，企业经营压力越来越大，最终，胖东来不堪重负，走上了关店和收缩业务的道路。从2012年起，胖东来在许昌的连锁超市中，关闭了五一店、六一店、新许店等13家分店。2014年9月15日，于东来发微博称："除时代广场外，三年内其他店都关掉或转让。"

一个致力于为员工创造幸福的企业，为什么办不下去呢？员工幸福为什么并没有带来企业的成长？很多企业无法解答这些问题，最终掉进了"幸福陷阱"。

上面五种状况，有一个共同的特征，那就是企业的问题延伸到了文化层面。当企业遇到的问题，在战略、组织、人力资源和运营层面无法有效解决，必须在文化层面去寻找解决方案时，就说明企业遭遇了文化拐点。

企业发展历程中出现的种种困局、困境，背后都是遭遇了某种拐点，我把它们归纳到了五个拐点上。你也许会疑惑，为什么要归结为五个拐点，而不是六个、七个？为什么是这五个拐点，而不是其他？回答这两个问题，必须还原企业成长的一般规律，才能找到有说服力的答案。

二、拐点是如何产生的

拐点这个概念，经常被企业管理者提到，也经常被赋予不同的内涵，分为不同类型，比如资金拐点、市场拐点、成本拐点、技术拐点……不一而足。为什么我们认为企业拐点包含战略拐点、组织拐点、运营拐点、人才拐点和文化拐点这五个方面呢？

拐点不是有形的、显化的，因此每个人的认知都不一样。但是，当我们回到企业成长的起点，就会认识到，决定企业质变的拐点是五个，而不是六个、七个；是战略、组织、运营、人才和文化这五个，而不是其他拐点；并且，这五个拐点之间，还存在着派生关系。

1.创业企业的三种走向

创业是具有偶然性的，是天时、地利和人和的一次因缘际会。即使创业成功，也不代表企业就走上了一个确定的方向。一般来说，创业成功之后的企业，会有三种走向：

第一种是持续创业

我见过一位创业者，自诩"看事很准，做事必成，身家过亿"。他创办过汽修厂、倒卖过服装、干过餐饮、开过广告公司、炒过股票等，干每一件事都挣到了不少钱。我遇到他的时候，他正孑然一身，寻觅新的商机。他的团队从来没有稳定过，有事干就招点儿人，没事干了就把公司解散。他创办的每一个企业，都注定了只止步于创业阶段。

第二种是大而无当

河北有一位老板开始创业，第一个项目做下来竟然挣了一个多亿。他觉得自己就是商业天才，于是自信心爆棚，开始规划产业版图，一举进入了七大产业，分别是房地产、旅游、影视、餐饮、珠宝、教育和工程机械，制定的年度销售目标是100亿，但他们当年只完成了5亿。短短一年之后，这家企业就出名了，不是因为实现了增长奇迹，而是因为老板非法吸收公众存款，涉案33亿多元，被媒体大量报道。后来这位老板被判刑20年。一个百亿的产业梦想，就这样化为了泡影。正应了那句话："眼见他起高楼，眼见他宴宾客，眼见他楼塌了。"

第三种是定向成长

有些企业能够将创业阶段的机会成长调整为定向成长，在众多的机会面前，通过理性客观地审视，为企业选择一个明确的发展方向，并按照既定方向来构建竞争优势，培育核心能力。凡是发展壮大的企业，无一不是对既定方向的坚守和持续积累；凡是频繁调整方向的企业，无一不沦为随波逐流的平庸之辈或被淘汰出局。

显然，第一种走向并没有将业务带进企业，创业者做的只是成为一桩桩的生意；第二种走向也不能把业务带进良性的、持续的发展状态，企业在市场上的表现只能是昙花一现；第三种走向才能将业务带进理性的、可持续的发展状态，令企业不断向前发展。

2.五大拐点的逻辑关系

创业带给企业家的挑战，就是如何避免掉进诱惑陷阱。创业之初，企业家的资源和能力是相对有限的，可供选择的机会非常少。一旦创业成功，企业家的资源和能力会得到极大提升，可供选择的机会就非常多了。机会多了并不一定是好事，它要求创业者必须具备洞察能力，能够看懂趋势，有明确的价值立场。不幸的是，很多创业者在众多机会面前迷失了方向，迷失了自己，要么变成逐利的商人，要么变成大而无当的莽夫，真正能做出理性选择的少之又少。所以，很多创业企业没有持续地发展起来，不是因为没有机会，而是因为机会太多。创业者能否跳出诱惑陷阱，高瞻远瞩，审时度势，不忘初心，做出理性选择，本质上是战略问题，是企业"生存的方式"，所以企业创业成功之后遭遇的第一个拐点是战略拐点。

突破战略拐点，才有可能遭遇组织拐点

在没有明确的战略之前，企业是不会存在组织问题的。如果战略不明确，企业的业务就不稳定，基于业务所形成的责任分工就是临时性的。在公司发展的上一阶段还是业务骨干的员工，在下一阶段可能就不重要了。在这种动态调整中，强调专业分工的组织结构是难以确立的。此外，战略不明确，企业就很难在一个业务方向上坚守和持续积累，业务规模一般情况下都比较小，很少涉及规模扩张带来的管控问题和业务量承载力问题。所以，在没有突破战略拐点之前，不太可能触及组织拐点。

企业一旦突破了战略拐点，就意味着明确了商业模式、竞争优势、核心能力和战略阶段等关键事项。接下来，如何支撑企业战略成为组织要回答的核心问题。企业在既定的战略之下才能实现定向成长，业务规模才有可能扩张。达到一定规模之后，组织的承载力和管控也会相继成为组织必须回答的核心问题。这些问题回答不好，企业的战略就无法落地，业务的规模就无法扩张。所以，组织方式是企业"扩张的条件"，组织拐点一定出现在战略拐点之后。

突破组织拐点，人才拐点才有可能凸显

创业阶段，由于业务的不稳定，以及为了提高应变能力，企业往往会形成强势的创业者和"万金油""助手型"员工搭配这种人才结构。但是，当企业的战略方向和商业模式确立之后，组织分工也就相应地能够明确下来，企业对人才的要求就不再是"万金油"和"助手型"，而是需要专业性强、职业化程度高的人才。原来的员工不再适应战略和组织的要求，企业必须实现人才转型。从多数企业的现状来看，保留下来的创业阶段的老员工，虽然对企业的忠诚度高，但在能力上已经跟不上企业发展的节奏，而且他们能力的提升速度一般也比较慢。从素质模型的角度看，有的员工注定不能转型为企业需要的人才。所以，企业一方面是尽量在老员工里"淘金"，另一方面是从外部人才市场引进人才。在这个过程中，新老员工之间还要寻找平衡点，保障人才转型的平稳过渡。

这是很多创业企业成长过程中必须经历的挑战。

有很多企业因为处理不好新老员工的问题，建立不了合理有效的人才机制，导致人才转型不成功，因而拖延或贻误发展的黄金期，企业从此走上下坡路。人才是企业的特殊要素，现在把人才称为人力资源，与财务资源、市场资源等相提并论，我认为是降低了人才在企业中的重要性，抹杀了人才的核心作用。人才是具有自主意识的，与资金、渠道等物化资源不同，它是企业真正的"能量的来源"。人才拐点对人才这种"能量"的聚集和释放起着关键性制约作用。人才拐点不突破，企业的"能量"就无法得到有效和充分的释放。

突破人才拐点，运营拐点才会成为焦点

企业突破了人才拐点，意味着人才转型成功，这是企业战略和组织分工明确之后产生的结果。分工是专业化、职业化的前提，使企业的效率得到提升，但分工也带来了工作流的割裂。原来一件事由一个人从头做到尾，现在把一件事分解成多个专业动作，由多个人分工依次来做。原来完成一件事不需要协调、监督和推进，一个人就解决了。而分工之后，为了防范某个动作滞后或错误，就需要日常监督；为了保障工作效率，就需要不断沟通与协调。企业的分工与人体四肢的分工是不一样的。人体四肢分工后，仍是一个有机体，大脑下达一个指令，通过神经系统的快速传导，四肢就能协调动作。而企业的分工不存在天然的"神经系统"，必须人为植入"神经系统"，保障分工之后的动作是快速的、协调一致的。这套神经系统，企业必须有意识地去建立，并植入日常运营过程当中。但很多企业面临的挑战是不理解这套神经系统的运作机理，因为它是多个环节的串联，某一个环节出现问题，都会让运营机制失效。为了保障它的贯通，必须不断检视、疏通和维护。运营机制决定着企业在市场上"竞争的效率",运营拐点不突破,会大大降低企业对外部竞争的反应速度。

文化拐点与四个拐点相伴相生

企业文化是有关企业发展的一套哲学体系,必然覆盖企业的方方面面,战略、组织、人才和运营,无不体现着企业的文化,所以企业文化不是在其他四个拐点依次突破之后才出现的,而是伴随其中。文化是否形成拐点,是在其他四个拐点突破的过程中,由冲突和矛盾的深度来决定的。

创业初期,企业文化来自于企业家的个人文化,战略选择直接受到企业家自身价值观的影响,组织方式也是企业家意志的体现,人才评价的价值标准就是企业家个人的价值标准,运营机制更是体现着企业家的领导风格。企业家把个人文化注入创业企业的成长过程中。

但是,每个企业家的哲学思考深度是不一样的。哲学思考深的企业家,在将个人文化注入企业成长的过程中,会占据绝对的主导地位,对不同的价值理念,不是吸纳、融合,而是修正,这样企业在突破拐点、迎接挑战的过程中,源于企业家的个人文化成为每一次突破背后的强大力量。而哲学思考浅的企业家,在将个人文化注入企业成长的过程中,难以在每一次拐点突破中保持主导地位,比如在战略拐点中,会受到管理团队或外部诱惑的影响;在人才拐点中,由于理念不清、价值观不明而使人才机制导向模糊。

企业必须在文化层面完成深度的哲学思考,回答企业的一系列理念问题,这样才能为其他拐点的突破提供思维空间。在完成深度哲学思考的过程中,有可能是企业家本人完成了深度思考,主导了这次文化拐点的突破；也有可能是企业家本人在与管理团队、外部专家、智力机构等的理念碰撞中，借助外力确立了理念体系。后一种情况意味着企业文化不再是企业家个人文化的化身，而是企业多个利益相关者的文化融合。只要企业作为一个主体，确立了明晰而深刻的理念体系，并且这套体系能够彻底解决其他拐点问题，那么就意味着企业实现了文化拐点突破；反之，企业会受困于文化拐点，导致在其他拐点上也无法找到有共识的、可行的解决方案。可见，文化是企业"传承的根源"，文化拐点不突破，会缩短或中止企业的生命周期，使企业无法持续或者无法传承。

回到企业创业的起点，我们发现决定企业质变的拐点是上述五个，并且它们之间存在着派生关系：战略拐点先于组织拐点，组织拐点先于人才拐点，人才拐点先于运营拐点，文化拐点贯穿其他四个拐点，是可能的伴生拐点。也就是说，当企业文化无法从理念层面解决其他拐点问题的时候，文化拐点就出现了。

有一些企业是通过重组的方式成立的，它一诞生，就具备一定的业务规模和人员数量，相当于把创业企业的成长历程压缩到了一个时间点。此时，拐点之间的派生关系就没有那么明显了，拐点问题就不一定按照先后顺序出现，而是在一个时间点同时存在，需要进行通盘的考虑，识别不同拐点。但是，"从战略到组织，从组织到人才，从人才到运营，过程中贯穿文化"，仍然是分析重组企业拐点的基本逻辑。

以重组方式成立的企业，尽管可能比创业企业经历的考验要少一些，但在成立之初，也要以战略为前提，否则这类企业无论出身多么高贵，照样会陷入迷途。它的组织拐点也是排在战略拐点之后，以战略作为组织设计的前提，但在存量业务的重组整合上，可以先行考虑组织的承载力和管控力。它所面临的人才问题，虽然不一定是"万金油""助手型"

人才的提升和转型，但员工和管理机制均来自于重组之前的不同业务，在新的战略和组织条件下，这些人才需要重新盘点、规划和入位，管理机制需要重新确立，并解决原有机制之间的冲突和矛盾，因此这场变革的深度和难度不亚于创业企业的人才转型。重组企业的运营机制也需要贯通，因为原来各业务的运营流程不一样，重组到一起之后，如果不在运营机制上有效疏通，业务重组就形同虚设了，表面上整合到了一起，实际上各行其是。企业文化更是重组企业无缝融合的必要条件，没有文化层面的共识，重组就不彻底，会给后期运营埋下隐患。

三、拐点如何决定企业的质变空间

在没有明确这五个拐点之前，对企业中出现的问题，企业家判断时容易陷入雾里看花的状态，对问题的界定莫衷一是，导致解决问题不得要领。从有效解决这些问题的大量实践来看，企业家只有把注意力聚焦到这五个拐点上，企业的问题才能真正得以解决，企业才能发生质的变化，进入新的、更广阔的成长空间。我把这种空间称为企业的"质变空间"。

企业的质变空间是由三维坐标里的五个拐点决定的。组织拐点和运营拐点分布在 X 轴的原点两侧；战略拐点和人才拐点分布在 Y 轴的原点两侧；文化拐点分布在 Z 轴上。以原点为球心，以这五个拐点中离原点最近的拐点与原点的距离为半径，形成的球的体积，就代表企业的质变空间。距离原点最近的这个拐点，我们称之为"关键拐点"。如图 1-2 所示。

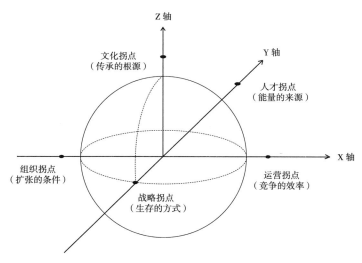

图1-2 企业的质变空间

质变空间是企业真实可达的空间，就是说，边界条件都已经具备，企业只需要努力线性成长，就完全可以达到的空间规模，而不是遥不可及的主观愿望上的空间。很多企业家误把行业空间当成自己的质变空间，动辄就鼓吹千亿级的市场，好像千亿级的市场都是他的，而实际上他的企业可能还处于产品单一、客户零散、技术初级、商业模式不明的初级阶段。

每一个企业都处于自身五个拐点构筑的质变空间之内。决定质变空间大小的是关键拐点。根据关键拐点的不同，可以将企业所处阶段分为下面五种情形。

1.以海尔为例说明战略拐点

战略拐点到原点的距离在五个拐点中最短，说明企业发展过程中触碰到的是战略拐点。这个时候，组织是足以匹配企业战略和承载业务规模的；人才是符合企业战略需求的；运营是在合理效率区间的；文化的"树干"是足够高的。

海尔集团是中国制造业有史以来第一个靠自主品牌而创造千亿元年度营业额的企业。海尔蝉联冰箱霸主多年，竞争对手对它基本构不成威胁；在洗衣机和空调领域，公司稳居第一梯队，和小天鹅、格力、美的等企业并驾齐驱；公司还进入彩电、电脑、手机这些黑色家电和IT领域。但是梳理海尔集团近十年的业务，不难发现海尔的发展颓势明显。而这十年，恰恰是海尔管理理论大发展的十年。"OEC管理法（全方位优化管理法）""休克鱼理论""SBU（战略事业单元）""人单合一""市场链""平台型组织""创客"等一系列创新性管理方法的提出，使得张瑞敏能够同GE（通用电气）的杰克·韦尔奇、索尼的盛田昭夫等国际知名管理大师相提并论。

为了配合企业的互联网转型，海尔集团近年又进行大刀阔斧的组织变革。在过去两年中，海尔集团大规模裁员，员工数量从8.6万减少到6万，裁减多达1万名中层经理。

海尔集团的这种发展状态，就是典型的遭遇"战略型关键拐点"。它的组织管理、运营效率和人才布局，都有层出不穷的创新理论支撑，是众多企业学习和模仿的标杆，而它的业绩徘徊不前，则更多来自于战略拐点的限制。因此，有学者评价海尔集团，认为它是"经营不足，管理有余"。

2.以通用汽车为例说明组织拐点

组织拐点到原点的距离在五个拐点中最短，说明企业的发展触碰到的是组织拐点。这个时候，既定的战略模式的潜力还很大，人才的素质和结构能支持战略进一步推进，运营机制是完善的，文化上的支撑度也是足够的。

1908年，杜兰特在别克汽车公司的基础上组建了通用汽车公司，其后通过大规模收购，取得了奥兹、凯迪拉克、奥克兰，以及其他6家轿车公司、3家卡车公司和10家零部件公司的控股权或相当比例的股份。通用汽车公司规模的迅速变化势必给协调与管理带来困难，但是杜兰特并没有采取相关的措施强化管理。1910年9月，通用汽车公司陷入财务危机，杜兰特被迫辞职。1911—1915年，公司的新管理层采取了种种手段，试图走出内部管理的混乱，但没有取得实质性的改善。1916年，杜兰特再次入主通用汽车公司，他的基本经营思想仍然是以扩张来改善经营的困境。1918—1920年，通用汽车公司展开了又一轮的大规模并购，同时杜兰特依旧实行放任式管理。1920年下半年，汽车市场发生波动，通用各子公司的预算严重超支，汽车库存量开始大量增加，随之而来的是公司股价大幅下跌。杜兰特不得不再次辞职，由杜邦公司的董事长皮埃尔·杜邦接任总裁一职。当时担任公司常务副总经理的斯隆提出以事业部制的形式对组织方式进行变革，否则企业的颓势难以改变。此项组织变革于1924年完成。实行事业部改革之后，通用汽车公司一举超越福特汽车公司，成为美国乃至世界汽车产业中的翘楚，在《财富》杂志发布的世界500强中也名列前茅。通用汽车的这次组织变革，更多体现了"组织型关键拐点"的特征。通过组织方式的调整，使杜兰特两次扩张都以失败告终的通用汽车公司，充分释放出其长期积蓄的战略潜力，从而实现了跨越式发展。

3.以万科为例说明人才拐点

人才拐点到原点的距离在五个拐点中最短,说明企业在发展中触碰到了人才拐点。

万科作为房地产行业的标杆,在推出三次股权激励方案之后,仍然面临着高端人才流失的危机。2010—2012年,万科高管大量出走,三年间大约有一半执行副总裁以及很多中层管理人员离开。2014年11月,万科高级副总裁肖莉宣布离开供职20年的万科,加盟成立仅三年的O2O(线上到线下)地产服务平台——房多多;2015年3月,万科高级副总裁、北京区域本部首席执行官、北京公司董事长毛大庆辞职,选择自主创业,试图打造中国版的wework(众创空间)。在人才危机面前,万科不得不在股权激励的基础上更进一步,推出事业合伙人制度,试图通过人才管理机制的创新解决人才拐点问题。

国内一知名管理咨询企业曾经确立过"1000个合伙人,10000名员工"的发展目标,希望打造中国乃至亚洲最大的管理咨询机构。但是,当员工数量扩张到1000人的时候,团队骨干流失非常严重,几个年业绩达千万元级的合伙人离开了企业,还带走了一部分优秀顾问。对于管理咨询机构来讲,最重要的就是人才,没有人才,一切都等于零。老板意识到,战略目标再宏大,如果无法留住人才,吸引更优秀的人才加盟,一切都是空谈。所以,他开始做一项日常工作,就是与每一位合伙人保持动态沟通,及时掌握他们的心理动向,一旦发现有情绪波动或思想动摇的迹象,就马上与他深入谈心,了解他的困扰和打算,尽最大可能满足他的诉求,帮他排忧解难。通过这种方式,现在该机构员工基本维持在了1000人左右。老板表示原来定的万人目标,在没有找到更好的人才管理机制之前,是不会急于推进的。在互联网时代，信息传播非常快，人才流动也很频繁，因此对企业来说，最关键的不是能否找到优秀的人才，而是用什么样的机制来发挥他们的才能。这家管理咨询机构遇到的难题就在于此。显然，它在发展过程中碰触到了人才拐点。

4.以某装备企业为例说明运营拐点

运营拐点到原点的距离在五个拐点中最短，说明企业在发展中触碰到了运营拐点。

陕西一家从事装备制造的国有企业，在战略上，聘请国际知名咨询机构麦肯锡为它制定了十年发展规划；在组织上提出国内学海尔、国外学京瓷，划小业务核算单元；人才上储备充足，曾多次开展内部竞聘和对外公开招聘，引进了很多高端人才，并为其提供优厚的福利待遇；内部制度流程也非常规范。我在这家企业考察时，随手翻了一下他们的流程手册，正好翻到《办公室照明灯具报修流程》。我问他们是不是办公室的灯管经常坏，接待的人说也不是，因为企业要求精细化管理，所以就把几乎所有可能出现的事都用流程规范起来。在调研时，这家企业的中高层管理人员反映的一个共性问题，就是企业的办事效率太低。尽管战略很清晰，管理很规范，但执行力严重不足，很多事情推进速度太慢，最后就不了了之。这家企业的问题就出在了运营机制上。单看某个模块或职能，貌似都已经做到了极致，但拼凑到一起，并没有形成有机的整体。维系企业高效运行的"绳子"是断裂的、脱节的，不把"绳子"打通，各个模块再优秀也没有用。

5.以华为为例说明文化拐点

文化拐点到原点的距离在五个拐点中最短,说明企业在发展中触碰到了文化拐点。此时,这个距离也可以理解成企业文化之"树干"的"高"。文化之树干越高,则企业质变空间越大。如果文化之树长成了灌木,没有树干,那么企业质变空间就很小。如果企业的文化基因存在缺陷,相当于文化拐点处于Z轴的负向轴,那么"高"就是负值,相应的质变空间也就变成了负的。正质变空间比较容易理解,负质变空间是指什么状态呢?这是指企业尽管从现状来看,在市场上有一席之地,也实现了一定的经营回报,生存状态还不错,但是这个状态并不长久,是好运或者投机所致,企业获得的经营回报都是对商业社会欠下的账。俗话讲,"出来混,总是要还的",企业的这种状态如果得不到快速调整,最终还是会把赚到的利润再还给市场。

正质变空间的典型代表是华为,一部《华为基本法》确立了华为文化之树的高度,在"底面积"不断扩大的情况下,成就了华为几千亿的质变空间。负质变空间的典型代表有很多,但都不出名,因为处于这种状态的企业都活不长。

五个拐点,决定了企业的质变空间,关键拐点决定了企业的"现实"质变空间。其中文化型拐点有正负之分,只有正值形成的正质变空间才能持久,负质变空间注定使企业在市场上昙花一现。非关键拐点是超出了企业质变空间边界的余量,代表了企业质变空间的提升潜力。但是,如果非关键拐点带来的余量过大,有可能会变成企业的现实包袱,使企业在"现实"质变空间尚未被充分开发之前,就被压垮了。

四、如何在拐点坐标系里把握发展步伐

在依据拐点法则画出的坐标系里，企业的拐点与原点的距离，在数学上被称为"截距"。如果各拐点的截距相等或约等，代表企业处于自我适应状态。此时，企业会在某种业务规模下维持动态平衡，我把这种平衡称为自适状态。企业处于自适状态，意味着不再成长，只要追求成长，就要打破这种动态平衡，"先进要素"就要拉动"落后要素"，各拐点的截距就一定会出现差距。那么，各拐点的截距保持多大差距是合适的呢？

1.步子太大易栽跟头：以德隆和盛大为例

人走路必须两条腿交替前行，并且步子不能迈得太大，否则会栽跟头。企业的成长也是如此。有的企业因为步子迈得太大而栽跟头，就像单条腿走路一样，把另外一条腿遗忘在了起点，企业必然会出问题。典型的代表是德隆。它在资本运作和产业整合上步子迈得过大，组织、人才和运营能力远远跟不上业务扩张的步伐。在金融上的高杠杆运作，使企业现金流处于高度紧张的断裂临界点，一有风吹草动，就有崩盘的风险。最后，德隆的好运气用光了，银行催债，投资人挤兑，使自己陷入万劫不复的境地。

步子迈大了，即使没把另外一条腿遗忘在起点，而是落在了半路，也会使企业陷入困局。就拿以游戏起家的盛大来说，陈天桥并没有把游戏当作事业的载体，而是主动求变，推动盛大向休闲游戏、电影、音乐以及其他互动内容的综合供应商转型。为了实现转型，盛大要从"软件＋运营商"转变为"软件＋硬件供应商"，以硬件为入口，靠内容来赢利。

盛大的战略本质上是"内容整合＋智能硬件",也就是乐视、小米现在干的事情。陈天桥 2003 年开始筹划,2004 年正式实施,比其他人早了十几年。他的理念被媒体广泛传播,却没有收获叫好声,因为大部分人压根儿听不懂陈天桥在说什么!实际上,直到今天,仍有很多媒体对"三网融合""硬件入口＋服务收费"的模式懵懵懂懂。可想而知,当年的陈天桥面临着怎样的舆论压力。外界不懂陈天桥,内部支持他的人也不多,胞弟陈大年、总裁唐骏都是反对派,反对理由是盛大没有任何做硬件的经验。陈天桥跑得太快了,快到四周没有敌人,也没有路,当时的各种条件,都承载不下他的雄心,最后的结局就是盛大在新战略上节节败退。

在创新经验中,有一个著名的"半步理论",即:创新不等于创造商业价值,太多先进的科技创新在商业上却输得一塌糊涂;考虑一种产品的先进性与创新性,一定要结合市场的兼容性,最好领先其他人半步。尽管陈天桥在资本运作上还是成功的,但因为战略太过超前,而现实的商业环境、管理团队的认知等都被远远抛在后面,最终导致企业发展难以为继,战略转型失败。

很多企业都重视向标杆学习,热衷于引进标杆企业的管理模式。企业在组织、人才、运营和文化等方面看上去都非常先进,甚至有的企业自己创造出很多理论与方法,以在业界推广传播为荣。但是,它们的战略状态与先进的管理并不相称,无论是战略把组织、人才等远远抛在后面,还是组织、人才等把战略远远抛在后面,都会让企业陷入困局。

2.步子迈得小一点儿:小而美的日本寿司店

企业步子可不可以迈得小一点儿?只要不会因为步子太小而被淘汰出

局，我认为是可以的，这就要看企业家个人的选择了。日本有一家只卖寿司的小店，位于东京银座办公大楼的地下室，只有10个座位，没有豪华的装饰，没有菜单，老板只根据当天能买到的食材来定菜品，没有酒水饮料和小菜，客人平均用餐时间仅15分钟。即便如此，要想到这个小店来用餐，至少需要提前一个月预约。这家小店成了世界上最小的"米其林三星餐厅"。奥巴马访日期间，安倍特意请他到这家小店来用餐。米其林餐饮指南说，你可以只为了这间寿司店去日本。这家店已经经营了50多年，直到今天，也只不过在东京开了第二家分店，筹划在北京开第三家分店而已，并且每家分店的规模与第一家店保持一致。这家企业就把步子迈得很小很小，不在规模上扩张，只在品质上孜孜追求，从而成就一个小而美、美而优的企业。

如果企业家觉得这样发展太慢了，也可以把步子迈得大一点儿，但应该以保证企业稳步成长为限。其实这个尺度是很难把握的，一不小心就像德隆那样，走得太快。国内知名餐饮品牌"俏江南"，就是企业家希望步子迈得大一点儿，却没有把握好尺度的例证。俏江南的管理者引进了战略投资，做了从20家店扩展到100家店、从国内扩展到国外的规划。在资本的推动和裹挟下，俏江南不断冲击IPO（首次公开募股）却无功而返，最后被资本变卖股份，重组董事会，创始人无奈离开。

3.迈多大的步子合适呢：拉扯式成长，螺旋式上升

那么，步子迈多大是合适的呢？从人走路的角度来看，步子多大与体质有关系，高大的人，腿长，步伐大；矮小的人，腿短，步伐小；强壮的人，两腿交替前行的速度快；孱弱的人，两腿交替前行的速度就慢。对于企业，各拐点之间的"截距差"以多大为宜呢？这也与企业的特征

有关，不同的企业，截距差是不一样的。但是，要以各拐点能够互相支撑、"来得及"支撑为限。台积电董事长、台湾地区信息产业奠基人张忠谋是这样把握截距差的："企业必须创新，但又不能太创新。看得太远往往徒劳无功，白费金钱与精力。所谓创新，台积电一般能做到领先3年，最多5年。"他所说的这种创新，就为企业界定了截距差的适宜尺度。

企业在成长过程中，通过突破关键拐点，来扩展质变空间。各拐点是交替突破的，但要在一个合适的截距差之内。突破的尺度太大，不但对企业发展无益，还会成为企业的包袱；突破的尺度太小，会对其他拐点的进一步突破形成限制。这个尺度以互相促进、有实际价值为准。所以，形象地来描述企业成长的画面，就是各拐点之间拉扯式成长。重要的是结合企业自身情况，调节各拐点，让拉扯保持合适的尺度和频率，不至于拉断，也不至于跟不上。

企业从创业起步，发展到一定规模，期间要经过一次或多次拐点的交替突破，以扩展质变空间。在拐点的每一次交替中，无论哪个拐点先突破，都必然推动其他拐点的突破，否则企业就无法完成一次完整的升级。企业在拐点拉扯式成长的过程中，是一轮一轮的螺旋式上升，每一轮升级，都带来质变空间的一次扩展。所以，企业在各拐点之间的成长方式的完整画面，应该是"拉扯式成长，螺旋式上升"。

不要去迷信所谓的前沿理论和创新工具，它们并不一定能带来真正的效果，而那些貌似过时、粗陋的管理工具，反倒可以在企业成长的适宜阶段发挥关键的作用。就连以管理理论创新著称的海尔集团，在发展初期，也是靠十三条规则来推进管理的，而其中第一条竟然是"不准在车间随地大小便"。现在看来会觉得荒唐可笑，但在海尔所处的那个阶段，这是最有效的管理规则之一。所以，"管理"对企业来说，先进与否并不重要，合适才是最重要的。

  拐点法则是企业成长背后的隐秘力量，是决定企业发生质变的客观规律。其核心思想是五大拐点的派生关系、决定企业质变空间的规则，以及企业寻找到适合自己的成长方式。企业家只有深刻理解和尊重拐点法则，才能够避免在错误的方向上浪费资源和精力；才能够在逼近拐点的时候，及时切换模式，使企业平滑进入新的成长空间。本书将用五个章节，依次阐述突破五大拐点的策略、步骤，以及所用的工具与方法，为企业破解困局提供帮助。

第二章　突破战略拐点：坐标模式

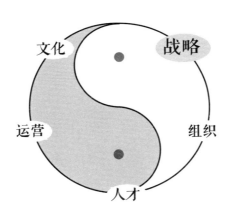

场景导入：雅昌集团何以破茧成蝶

雅昌集团的前身，是创办于 1993 年的深圳雅昌彩色印刷有限公司，业务定位于竞争激烈、进入门槛较低的印刷业。

如何在同质化的市场竞争中脱颖而出？雅昌做出了第一轮的战略选择，即聚焦战略。

雅昌将业务聚焦于印刷行业中的一个细分市场——彩色艺术印刷，提出成为最具竞争力和最具赢利能力的艺术印刷公司的发展目标。为了实现这个目标，雅昌采取了三步走的策略：第一步拼技术和设备，靠先进的设备来保障印刷品质；第二步拼服务，雅昌提出"印刷业是服务业""客户想不到的我们也要想到、做到，不仅让客户满意，而且让客户感动"；第三步拼解决方案，雅昌建立"业务项目"意识，对每一项业务的背景及其前因后果进行系统分析和策划，进而将服务提前介入和向后延伸，彻底让客户省心、满意！

第一轮聚焦战略实施后，雅昌的市场地位跃居广东省前三位，荣获中国毕昇奖、美国 Benny Award 金奖（班尼奖，被誉为全球印刷界的"奥斯卡"），赢得了《北京奥运会申办报告》和《上海世博会申办报告》等的印制业务；在提供艺术类印品解决方案、拍卖行业印品解决方案及大型企业印品解决方案等方面形成了核心竞争力；在国内拍卖行业的印刷业务中，所占份额高达 95%，形成垄断优势。这意味着第一轮战略的成功，也意味着雅昌的业务增长空间开始触顶。

是在细分市场坐享其成，还是拓展新的战略空间？雅昌适时提出了第二轮战略选择，即文化转型战略。雅昌重新定义了自己的业务边界，从印刷业拓展到文化产业，制定了要做最优秀文化公司的发展目标。

雅昌在 2000 年创立了艺术品门户网站——雅昌艺术网，并通过自身开发的"中国艺术品拍卖市场行情发布系统"，每年提供各大拍卖公司举办的 400 多次中国艺术品拍卖专场、12 万多件艺术品的网上预展信息服务。"雅昌艺术市场指数（AMI）"成为艺术品投资分析工具和艺术品市场行情的晴雨表，对艺术家、买家、收藏家形成了强大的黏性，门户网站的影响力与日俱增。

在门户网站的背后，是雅昌积累的艺术品数据资产。雅昌原本就在拍卖和摄影等行业的印刷业务中积累了大量艺术家、艺术作品及相关数据资源，又通过门户网站，积累了 2000 多个艺术品拍卖专场、70 万件中国珍贵艺术品的交易资料，从而形成了一个中国艺术品数据库。

数据资产的不断聚集，为雅昌进一步扩展战略空间打下了基础，于是第三轮战略选择应运而生，即平台增值战略。

雅昌以门户网站为依托，为艺术家提供数字资产管理服务，帮他们建设个人作品数字档案馆，艺术家可上网查询自己作品的数字高清图、市场信息以及保存情况；提供策划和展览服务，与艺术大师结成合作伙伴，为其策划各种展览活动；提供艺术衍生品制作服务，比如图片、视频、电子书等；提供高端艺术品复制业务；等等。

经过三轮战略升级，雅昌从一个印刷厂化茧成蝶，发展成为涵盖完整艺术产业链的文化集团。目前雅昌拥有北京、上海和深圳三大运营基地，杭州、广州、南京、成都、西安和武汉六大艺术服务中心，以及南宁和香港两个办事处，产品和服务遍及全球几十个国家和地区。

雅昌集团未来会怎样，我们无法预测，但从其发展历史看，它是一个不断突破战略拐点的成功典范。值得我们思考的是，雅昌集团何以审时度势，在每一轮战略拐点到来之前，主动转型进入新的战略空间？它是如何判断产业趋势的？它是如何定义自己的业务边界的？它是如何在业务边界内取得竞争优势的？它是如何从一个小的业务领域延伸到更大的业务领域的？

本章将一一为您解答。

企业在遭遇战略拐点之前，会在战略选择上遇到各种困局。常见的战略类型无外乎这样几种：一是模仿。当战略边界足够大时，简单模仿也存在机会，比如聚众传媒开始阶段模仿分众传媒，从而快速成长起来，最后两家企业由竞争走向合并。二是聚焦。当企业在全局上不占优势时，就收缩战线，聚焦在一个局部领域，可以是聚焦某类客户，也可以是聚焦某个区域等。三是差异化。实施这种战略，可以让客户感受到企业所提供的产品和服务与竞争对手的存在不同的价值点，通过差异化来贴近客户需求，增强客户吸引力。四是总成本较低，能够提供物美价廉的产品和服务，但企业自身必须有相应的成本控制能力。后面三种就是波特提出的三大经典竞争战略。

李嘉诚的办公室里，曾挂着一个条幅，上面写着两个大字："知止。"这两个字来自于《大学》里的一句话："知止而后有定，定而后能静，静而后能安，安而后能虑，虑而后能得。""知止"是一种能力，一种预见未来的能力。当一位企业家能够洞察趋势，预见未来，战略的选择就变得容易了；只要顺势而为，趋利避害，就能取得成功。

要想洞察趋势，就要拨开迷雾，就要从当下纷繁的、瞬息万变的商业现象和海量信息中摆脱出来，以更长远的眼光，从企业的过往出发，在变化中寻找规律，在不确定中寻找确定。在迷雾重重的大海中航行，没有信号灯和指南针的指引，一定会迷失方向。经营企业也必须找到自己的信号灯和指南针，也就是必须建立企业的战略坐标系。

战略坐标系（见图2-1）由横轴和纵轴构成，横轴是产业轴，代表产业业态和与之匹配的战略图谱；纵轴是时代轴，代表科技趋势对商业逻辑的影响和改变。企业家对产业轴和时代轴所蕴含的规律与趋势有了深刻理解，自然就能对企业进行坐标定位，也能够在趋势面前做出对自己最有利的选择。

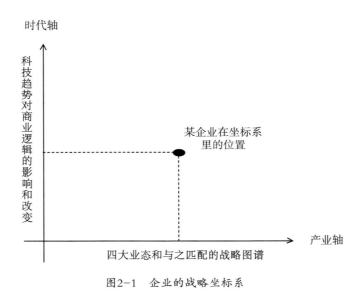

图2-1　企业的战略坐标系

一、四大业态演化：产业轮回推动升级或转型

任何产业从诞生到消亡，都是有其基本规律的。一般来说，都要经历四种业态，每种业态之下，企业的生存之道是不同的。我把不同业态下的代表性的战略模式称为"战略图谱"。

产业的四种典型业态是依次演化而来的，分别为超前业态、畸形业态、重组业态和规范业态。四种业态依次演进一遍，代表产业的一次轮回，推动着产业一次次的升级或转型。如图2-2所示。

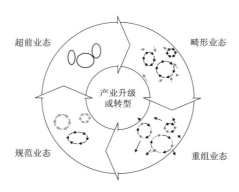

图2-2　四大产业业态的演化

1.超前业态：第一台汽车在嘲笑中诞生

新产业不是横空出世的，而往往是依托旧产业的某些技术创新，或者基于客户需求转移导致的新市场逐步演化而来的。

以汽车产业为例，当1885年德国人卡尔·本茨发明第一辆用单缸两冲程汽油机来驱动三轮车的时候，依托的就是汽油机的技术创新。在此之前，动力装置在技术路线上出现过蒸汽机和电动机，但这两种动力装置的技术发明，都没有把三轮车带进汽车时代，因为蒸汽机的效率太低，启动一次需21个步骤、45分钟；电动机虽然安全、安静，但太重，以电池做驱动，能源的成本高，行驶的路程短。当内燃机技术出现之后，才真正把三轮车带进了汽车时代。但这种三轮车一开始并不叫汽车，而被称为"无马马车"。因为当时的旧产业是马车，在马车产业不断演化的进程中，依托动力装置的技术创新，才出现了这种新的产品形态，但人们仍习惯性地把这种新产品归类到旧产业范畴之内。

与卡尔·本茨几乎同步进入这个市场的，是德国另一位工程师哥特里布·戴姆勒。1883年，他成功发明了世界上第一台高压缩比的内燃发动机，成为现代汽车发动机的鼻祖。1885年，戴姆勒把它的单缸发动机装到自行车上，制成了世界上第一辆摩托车。1886年，戴姆勒将他制造的排量为0.46L、功率为0.82kW、转速为650r/min的发动机装在一辆据说由美国制造的马车上，最高运行车速达到18km/h。这辆车被公认为是世界上第一辆由汽油发动机驱动的四轮汽车。

技术创新、产品发明不但会开创一个新的产业，还会带动关联产业的出现。当卡尔·本茨把汽油机装在三轮车上的时候，当时曼海姆的报纸把他的车贬为无用可笑之物。本茨的夫人为了回击一些人的讥讽，于1888年8月带领两个儿子开车进行实验。他们从曼海姆出发，途经维斯洛赫添油加水，直驶普福尔茨海姆，全程144千米。由此，本茨的夫人成为历史上第一位女驾驶员，而维斯洛赫成为历史上第一个为汽车加油的城镇。

这种新产业萌芽的状态被称为"超前业态"，它有三个显著特点：一，技术创新或需求演变是新产业萌芽的推手；二，参与市场竞争的企业很少，从而市场占有率较高；三，每家企业都是小而全的运作方式，必须从头到尾设计和生产出完整的产品，外部配套还极不完善。

2.畸形业态：产业蓬勃发展，企业哀鸿遍野

敢于吃螃蟹的先驱者，也有可能成为先烈。可一旦这个新市场被大家看好，就会有大量的企业涌入，形成混战。这个阶段就出现了一种奇怪的现象：产业总量在快速增长，但企业的利润率却不断降低，呈现出小、

散、乱、差之象。这种产业状态被称为"畸形业态"。

仍以汽车产业为例，蒸汽机、电动机和内燃机被发明之后，美国成立了上千家汽车公司，但到了1900年，幸存下来的汽车公司也就50多家，共生产了大约4000辆汽车。在这场混乱的竞争中，以生产其他产品闻名的企业纷纷涌入，其中包括波普自行车制造厂、皮尔斯鸟笼厂、无双绞衣机厂、别克浴缸厂和怀特缝纫机厂等。

一个朝气蓬勃的产业，为什么会有很多企业活不下去，被迫退出这个市场呢？根本的原因就是同质化竞争激烈。爆发性的市场，大量企业同时涌入，使原先那些超前业态下的先行者的优势瞬间瓦解，先行者尚未有足够的时间来建立绝对的优势或壁垒，新进入者就开始大肆模仿，所以这些企业的起点都差不多，所依托的技术和资源都是相同的，很难在短时间内拉开差距。为了争夺生存空间，必然会沦落到价格战的地步，利润被一步步摊薄。当有的企业无法承受这样的微利甚至亏损的时候，就只能退出市场了。所以，我们看到的是产业蓬勃发展，而企业却是一片哀鸿的畸形景象。

3.重组业态：完整产业链的竞争

同质化竞争带来的压力，迫使企业不断追求效率，专业化分工成为企业提升效率的必然选择。

对汽车产业而言，当米其林开始专业造轮胎，当博世开始专业造底盘，当伟世通开始专业造汽车空调，当李尔公司开始专业造座椅，当奥托立夫开始专业造电子安全系统，当海拉集团开始专业造汽车照明产品，作为一个整车厂商，不得不考虑是自己做轮胎，还是买米其林的轮胎？是自己造座椅，还是买李尔公司的座椅？是自己造车灯，还是买海拉集团的车灯？亚当·斯密的分工理论告诉我们，在竞争白热化的状态下，为了提高效率，企业要放弃小而全的作业模式，而采取与外界分工合作的作业模式。也就是说，专业化分工不是主观选择，不是你愿不愿意的问题，而是竞争大到一定程度之时的必然选择。

当专业分工的高效率瓦解了封闭的产业链之后，产业结构就具备了重组的条件。企业需要选择做自己擅长的事，而将自己不擅长的事交由别人去做，通过开放合作，形成更强的竞争力，这就势必走到产业链的整体竞争，而不是一个个企业的单打独斗。这种产业状态被称为"重组业态"。此时，企业之间的竞争不再是单个企业之间的竞争，而是一个完整产业链的竞争，一荣俱荣，一损俱损。

通用汽车就是在重组业态之下，通过并购整合，形成产业链的竞争力而发展起来的。1908年9月，杜兰特成立通用汽车，通过一次资本运作，以375万美元收购了别克公司。接下来，以通用汽车为主体，并购了包括凯迪拉克、奥兹莫比尔、奥克兰在内的20多家汽车制造厂、配件厂和销售公司。截至2009年，通用汽车共有7大分部，即GMC商用车分部、凯迪拉克分部、别克分部、雪佛兰分部、庞蒂亚克分部、奥兹莫比尔分部和土星分部。其中只有土星分部是通用汽车在1985年为抵御外国轿车大规模进入美国市场而决定建立的，这是通用汽车唯一从内部建立起来的公司，其他分部都是通过并购方式而组建的。通用汽车通过打造配件、整车、销售等产业链的整体能力，为赢得美国汽车产业三大巨头之一的地位奠定了强有力的基础。

4.规范业态：稳定产业孕育新力量

产业链竞争代表了产业竞争的更高形态，在产业链竞争和淘汰的过程中，会有少数链条最终胜出，形成寡头竞争的格局。也只有这样的产业结构，才能使产业秩序稳定下来。寡头之间谁也灭不了谁，为了不至于两败俱伤，寡头之间也会合作，共同维护产业秩序，捍卫自身的地位。这种产业状态被称为"规范业态"。

规范业态下，格局已定，新进入者要想争得一席之地，将难上加难，但也并不代表没有任何改变的机会。美国汽车业的三大巨头福特、克莱斯勒和通用雄踞市场多年。根据《中国汽车工业年鉴》上的统计，1997年美国三大汽车巨头的市场集中度竟然高达98.9%，相比之下，韩国是97.1%，日本为63.1%，中国为41.7%。日本和韩国的汽车以独特的竞争优势进入美国市场，对美国的市场格局带来了巨大的冲击。2007年7月，根据汽车市场研究公司Autodata发布的统计数据，通用、福特和克莱斯勒在美国汽车市场的占有率跌破50%。

特定市场进入规范业态之后，有可能因为受到外部市场的冲击而改变格局，也可能会由内部市场的创新者颠覆当前的格局。成立于2003年的特斯拉，就是这样一个具有颠覆市场格局潜力的公司。这是一家生产和销售电动汽车及零件的公司，只制造纯电动车，总部设在硅谷。特斯拉可能就是《连线》的创始主编凯文·凯利所说的那类公司："总有些东西，代表未来，代表创新，代表更多的可能……"它不但站在了汽车发动机系统从内燃机到混合动力再到纯电动力的趋势潮头，而且按照互联网思维，打磨让消费者尖叫的产品，通过社区模式强化客户体验。尽管特斯拉目前的销量还很少，但它有可能成为美国汽车业三巨头和其他国外汽车品牌共存这一市场格局的颠覆者。即使特斯拉失败了，类似于特斯拉的创新企业仍会层出不穷，扮演颠覆者的角色。

四大业态，依次演进，脱胎于旧产业，又孕育着新产业，循环往复，推动着商业文明的进步。一般来讲，任何产业都会经历这四大业态，但由于技术进步，可能会加速四大业态的演化进程，或在中途就孕育出新产业，使原产业的演化进程中止，直接被新产业所覆盖。

二、四大业态下的企业战略图谱：如何活出未来

企业是产业中的具体参与者，在不同的业态之下，如何才能活得好，活出未来呢？

1.超前业态下三种独享市场的条件

在超前业态下，勇于吃螃蟹的冒险者肯定不希望自己尝完第一口，验证螃蟹不但没毒且很好吃之后，其他的螃蟹被别人一拥而上，全部抢光，而是希望自己冒险尝出来的市场，由自己来独享。

如何才能尽可能地独享这个市场呢？第一个条件是有高位差的进入壁垒。比如技术壁垒，你的技术不是比相关替代品的技术高一倍、两倍，而是要高出十倍以上，让竞争者望而却步；或者是拥有垄断性资源，而竞争者根本无机会获取。第二个条件是扩张边际成本很小。比如软件产品，开发软件的成本可能会非常高，但产品化之后，销售一套、一百套、一万套的边际成本几乎可以忽略不计。相反，开餐馆的边际成本就非常大，餐馆每天的营业额是受营业场地、翻台率等客观条件限制的，即使可以外卖，也会受到厨房的生产能力限制。假设这家餐馆每天营业额是十万元，要想每天营业额达到一百万元，就不得不开十家这样的餐馆。每开一家餐馆都要租场地，置办桌椅，招募一批员工，所以开餐馆的扩张边际成本就比较大。第三个条件是聚集效应。现在很多人都用微信，其实

与微信功能类似的产品有很多,有来往、米聊等,那为什么多数人更愿意选择微信呢?因为你的朋友都在微信上,如果你把社交平台转移到来往或者米聊,而你的朋友没有转移过去,你们的交流就不方便了。于是,你牵挂着他,他牵挂着你,就形成了对微信平台的依赖。

具有上述三个条件之一,你的企业或产品就有可能在超前业态下站稳脚跟,让后来者无法超越。如果三个条件都具备,那就几乎不给对手任何机会了。

审视自己的业务,如果这三个条件没有一个是满足的,那你就要认清和接受一个现实:企业业务模式一旦曝光,并被验证可行、是有利可图的,模仿者就会蜂拥而至。你要拼命奔跑,保持相对优势,才有可能最终脱颖而出。否则,你就只能成为市场的一个引导者和教育者。你的失误是竞争对手的前车之鉴,你因失误造成的损失,是为竞争对手交的学费。你并不拥有先行优势,竞争者却拥有后发优势,企业的前途因此变得非常渺茫了。

2.畸形业态下的三种活法

在畸形业态下,企业的战略图谱是什么?在同质化竞争、"小散乱差"的市场结构之下,企业首先要保证活着,其次才是活出未来。如何做到呢?基本上有三种方法。

对标比拼

山林里的两个人遇到了狗熊,狂奔逃命,但甲停下来去换跑鞋,乙很纳闷,说:"你换了跑鞋也跑不过狗熊呀?"甲说:"我跑不过狗熊,但是可以跑过你呀。"这个故事里,甲使用的就是典型的对标比拼思维。

这种模式下，首先找到竞争对手，然后关注对手的一举一动，它出一招，你就应对一招，以此保持自己的相对优势；即使对手出了昏着，大家一起掉坑里，那谁也都占不到便宜。肯德基和麦当劳就是这样竞争的，你推个"圆筒冰激凌"，我就推个"脆皮甜筒"；你搞个"一元冰凉价"，我就搞个"一元心动价"；你来个"麦乐送"，我就来个"宅急送"。这种活法直截了当，但比较累，需要你时刻关注对手的动向。

阵地战

这种模式下，企业要找到自己相对优势的领域，比如某个销售区域，或者某类客户群体，然后以此为战场，开辟自己的根据地，接着步步为营，滚动推进。这种活法要求企业家能够耐得住寂寞，不好高骛远，不大而无当。小而美是这类企业的特征，积蓄力量才有从强到大的可能。

建筑装饰行业的中低端市场是典型的畸形业态，同质化竞争非常严重，企业间争夺项目不仅靠报价低，还要靠公关能力。好不容易中标了，还要垫资施工，每一次到回款时，又需要一轮公关，所有环节都打点到位才行。在一次企业家俱乐部活动上，一位企业家不无伤感地说，他为了拿项目，喝出了酒精肝，进医院好几次；因甲方拖欠工程款，经营压力非常大，他好多次都动了退出这个行业的念头。

但是，建筑装饰市场的空间非常大，有退出的企业，也有挤破脑袋往里钻的企业；有惨淡经营的企业，也有活得滋润的企业。那些活得好的，就是找到了自己的优势领域，或是主动开辟了优势领域。比如洪涛股份，企业根据自己的项目经验，选取了酒店大堂装饰作为自己的优势点，江湖号称"大堂王"；北方天宇则根据自己的项目类别，逐步优选出医院领域作为自己的阵地。这些找到优势和阵地的企业，都取得了长足的发展。

价值链解构

当多数企业都在同质化竞争时，你的企业如果能将价值链进行解构，只专注于一个环节，那就可能会因为专注而专业，从而确立竞争优势。正如汽车产业的发展一样，当多数企业都在造同质化的整车的时候，有的企业开始专业造轮胎。同样的品质，整车厂造轮胎的成本和效率肯定比不过专业造轮胎的企业。为了提高自己的竞争力，整车厂就不得不将自身价值链中的轮胎制造环节去掉，而去外部采购轮胎。这样，轮胎企业就完成了对汽车价值链的一次解构。同理，专业造车灯的、汽车电子系统的、空调的、座椅的等，都在一次次地解构着价值链，同时也赢得了在价值链环节上的生存空间。

"对标比拼"和"阵地战"能保证企业活着，而"价值链解构"不但能让企业活着，还为企业走向未来奠定了基础。

3.重组业态下的两种价值角色

在重组业态下，企业又有哪些战略图谱呢？我以为，企业在产业链上只有两种角色具有价值：要么成为产业链的组织者；要么成为产业链中某环节的专家，被其他企业组织进产业链中。其他角色则只能退出重组业态下的竞争舞台。

第一种：产业链的组织者

要想成为组织者，是有前提条件的，即企业必须在产业链的分工中具有不可替代性，这样才能有话语权，组织上下游企业进入你的产业链；否则，你就只能成为被组织者。

耐克是全球著名的体育用品制造商，总部在美国俄勒冈州。耐克秉承的发展理念是：只有运用先进的技术，才能生产出最好的产品。在耐克发展初期，和一般企业一样，有自己的工厂、设备和工人，产品也都是在国内销售。这种传统模式使企业发展缓慢，尤其在激烈的市场竞争中，更显得举步维艰。耐克的创始人菲尔·耐特为此一筹莫展。有一天，他路过一个养鸡场，发现鸡被关在笼子里，仍然活蹦乱跳的，并且高效率地产蛋，给农场主创造了很大的经济效益。这给了他很大的启发，看来做企业也不一定需要自己从头做到尾。于是，耐克走上了产业链组织者之路，把生产、物流、渠道和广告等几乎全部外包给更专业的企业，把自己的主要力量集中在新产品研发和市场营销上；生产上，则采用"多层伙伴"策略，按不同合作对象的特点，采取不同的合作方式。耐克作为这个产业链的组织者，带领整个产业链的每一个参与者在市场上以整体的优势与其他企业展开竞争，取得了巨大的成功，而进入到它的产业链的合作企业也因此获益良多。

第二种：产业链某环节的专家

英特尔是这类企业的典型代表，它的发展定位可以简单地描述为：用最好的芯片设计团队、最新的生产线为用户持续不断地提供性能最佳的处理器，从而获得最佳的商业回报。英特尔自甘寂寞，专注于芯片设计和精尖制造，并在整个产业链中建立了令产业伙伴信赖的领导力。英特尔每年都有几十亿美元的研发投入与近百亿美元的工厂投资，这让同行无法望其项背。而这些高额投入又由其技术创新所创造的丰厚利润所支撑。英特尔每推出一款芯片，从与上游设备厂商定制开发生产设备，到与下游厂商共同开发终端产品，始终扮演着专家角色。进入到别人的产业链，做最专业的自己，英特尔由此成为产业链竞争中不可或缺的一颗明珠。

4.规范业态下的颠覆创新

在规范业态下,企业要想突破寡头垄断的市场格局,只有一条路可走,那就是颠覆性创新,实现整个产业链的重塑和逆袭。逆袭者必须依靠科技创新的力量,改写游戏规则,使寡头垄断企业过去的优势变成未来的劣势,从而实现弯道超车,推动产业升级或转型。

就像当年汽车颠覆马车一样,在苹果手机出现之前,诺基亚是手机领域里的领导者,但苹果手机的出现,重新定义了智能手机这个产业。从产品上看,苹果公司属于传统的手机产业,但实际上苹果公司是一家互联网服务公司,苹果手机只是苹果公司向用户提供服务的一个智能终端设备而已。苹果公司以此设备为入口,链接着两个服务平台,一个是音乐产品交易平台,另一个是应用软件交易平台。同样的道理,小米公司也不认为自己是一家生产手机的公司,而认为自己是互联网公司。它们都是传统手机产业的颠覆性创新者。

上述各种业态之下的战略图谱,与业态是相对应的。将重组业态的战略图谱应用到畸形业态里,可能会因为战略的超前而使企业陷入困境;将畸形业态的战略图谱应用到重组业态,可能会因为战略的滞后而使企业被淘汰出局。所以,企业要看懂趋势,然后超前半步进行布局,这样就能保持战略的引领性。如果超前一步或者两步,可能会因为过于超前而半路夭折。

三、科技创新对产业链的渗透:六个层次由浅入深

人类的科技进步有几个重要的里程碑:蒸汽机的发明使机械代替人力,引发了第一次工业革命;电的发明使人类走进电气时代,引发了第

二次工业革命;而互联网技术把人类带进信息时代,有人把它定义为第三次工业革命。

当下给我们的商业社会带来翻天覆地变化的,正是日新月异的信息技术。移动互联网、大数据和智能制造是这个时代的三大科技创新。科技创新对产业链的渗透是从消费者向企业方过渡的,是从"软"化的服务向"硬"化的生产过渡的。这种渗透由浅入深,可以分成六个层次。如图2-3所示。

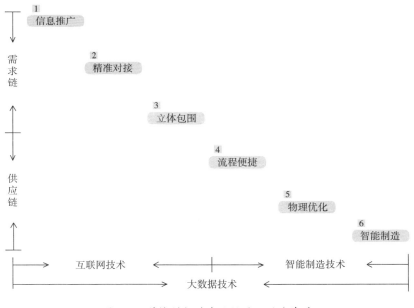

图2-3 科技创新对产业链的六层次渗透

1.信息推广:一对多

好酒也怕巷子深,企业要想让消费者了解自己,必须通过各种渠道推广自己。电视广告是消费者获取产品信息的传统方式。中央电视台每年的广告招标,因此成为企业争夺的焦点,也曾经成为中国企业的晴雨表。

企业为了成为标王，不惜砸下重金。孔府宴酒、秦池酒、爱多 VCD、步步高、熊猫手机、娃哈哈、蒙牛、宝洁、伊利、纳爱斯、茅台和剑南春等，都登上过标王的宝座。随着科技的进步，传统的广告形式日渐势衰，企业纷纷利用互联网技术进行传播，最常见的形式就是企业网站、产品网站、百度推广、行业网站、微博和微信等。虽然渠道多了，传播的成本低了，但这些形式与过去传统的广告模式并没有什么本质上的变化，只是换了一种传播方式而已，仍然是"一对多"的"硬推广"。

2.精准对接：用户画像

"一对多"的传播会造成资源的浪费。我们没有必要为了捉一条鱼，而把整个池塘的水抽干。如果知道谁是客户，直接找到他，成交率就会非常高。如何判断呢？就要靠大数据。通过对准客户群体进行数字画像，企业就能识别出真正的客户，针对客户群做非常精准的推广工作，费用也会大大降低。为了完成客户画像，企业必须拥有数据。所以，在信息时代，企业在描述自身资产的时候，一定要加上一种新资产，那就是数据资产。一个没有数据积累的企业，是不太可能在信息时代持续生存下去的。数据资产会成为企业发展的基石。我们经常接到一些推销电话，会非常厌烦地直接挂掉，顺带骂一顿不良商家泄露了自己的手机号码。这就说明推销商品的公司没有数据资产，没有完成对消费者的画像，所以盲目地打电话。如果反过来想，这家企业拥有充足的数据，能够给你做出准确的画像，知道你正急需什么，在这当口，一个电话打给你，刚好能解决你的燃眉之急，你还会烦恼吗？你可能还会感谢他雪中送炭！所以，作为消费者，我们希望企业能够准确理解我们的需求，只帮忙，不添乱。只有做到精准对接，才会产生这样的效果。

3.立体包围：一站式服务

消费者会发现一个现象：当你选择了某个品牌，日积月累形成消费习惯，你就成了它的忠诚客户，这个品牌强大到一定程度，就有可能为你提供其他相关的产品和服务。

小米就是这样一家企业，在你成为小米手机的忠诚用户之后，它就开始延伸，做路由器、平板电脑、电视、手环和音响等，现在还与美的合作，做智能家用电器。很多忠实的"米粉"，几乎买了全套的小米产品。其实，小米的产品很多都不是自己生产的，小米只是在了解"米粉"们需要什么之后，按照他们的需求，去开发相应的产品，为其提供一站式产品或服务。

自从谷歌退出中国，我们上网搜索信息就只能选择百度了。为了留住用户，百度也开始延伸自己的服务，相继推出百度地图、百度文库、百度新闻、百度视频、百度音乐、百度贴吧、百度知道和糯米等服务，公司战略也从"连接人与信息"转型到了"连接人与服务"，消费者也因此被它层层包围。

滴滴出行的业务，从一开始的出租车，到专车、快车、顺风车、代驾，现在又延伸到了新车试驾，将4S店的销售环节都链接了起来。通过这样的服务延伸，对与消费者出行相关的需求进行立体包围。

互联网让消费者与企业即时沟通，大数据和算法技术让消费者画像清晰，信息技术让企业走进了消费者的日常生活，成为消费者的需求代言人。

4.流程便捷："软"转型

消费者所能直接感受到的，是科技对企业提供服务的方式的改变，即"软"的方面，其次才是产品及生产等"硬"的方面的改变。服务行业具有很强的代表性。以酒店为例，一般情况下我们入住酒店的流程是：提前预订，到酒店前台交身份证、押金，在前台分配房间、提供房卡后入住，离店时提前收拾行李，到前台归还房卡，等待服务员查房，确认无误后退押金离店。我们已经在潜意识中接受这样的住店流程，习以为常了。

如果酒店把流程改成这样：你通过手机随时可以预订房间，酒店会在预订时就分配好房间，并把房间号发给你，同时给你一个二维码；你到酒店之后，通过扫描二维码直接开锁入住房间，离店的时候直接离开，不用与任何人打招呼，一周之后再通过手机支付房费。这样的流程你会不会喜欢？住店像回家一样方便、自在，多数人应该都会喜欢的。

你可能会问，酒店为什么可以将服务流程简化成这样呢？不担心客人损坏客房物品吗？不担心客人不付钱吗？酒店之所以敢这样做，也是基于对客人的数字画像，是以拥有客人的相关数据资产为前提的。它可以清晰地判断出，你是一个好顾客还是一个有着不良记录的顾客。在你预订房间的时候，酒店就会对你进行识别：如果认定你是一个好顾客，流程就可以简化；如果认定你有不良记录，预订系统可能就自动告知你本酒店客房已满。酒店宁愿空着房间，也不愿意做有不良记录顾客的生意，因为如果接受了这种顾客的预订，酒店就需要配置更多的服务人员"服务"他，以防他又有不良行为出现，这对酒店来讲，大大提高了成本。

5.物理优化："硬"转型

信息科技对企业端的渗透，更深一层的影响是企业的厂房建设、设备投资和区域布局等"硬"的方面，使企业的资产得到最合理的布局和使用，以此提高资产利用效率。物流快递行业竞争激烈，全国的物流快递公司有两万多家，即使是顺丰、中通和圆通这类知名企业，在行业中的市场占有率也非常低。企业提高竞争力的方式有两种：一是提高配送效率，因此必须建立完善的物流基地、分拣站、提货点等网络体系，二是不断扩大自身的覆盖区域。于是，在同一个城市，我们经常见到不同的物流公司的分拣站、提货点相邻设立。这从单个企业的角度来看，是必须这样做的，但从整个行业来看，就存在资源重复配置、利用效率不高的问题。能否改善这种状况呢？

马云联合顺丰、中通和圆通等物流公司成立的菜鸟物流就是为了解决这个问题的。简单来讲，菜鸟物流就是使各物流公司协同运作，集约资源，从而提高资源利用效率。比方说，顺丰、中通和圆通分别在各个城市都有自己独立的物流配送体系，为了协同运作，就需要对各公司在各城市的物流配送体系进行评估。假如说顺丰在北京的体系最好，中通在南京的体系最好，圆通在上海的体系最好，那么通过协调，各家的货物配送到北京时就统一使用顺丰的体系，配送到南京时就统一使用中通的体系，配送到上海时统一使用圆通的体系，然后各家再互相结算。菜鸟物流相当于搭建了一个物流公司之间协同运作的平台，并不直接承担物流业务。它的有效运作必须以信息技术为支撑，没有互联网、大数据和云计算能力是根本无法实现的。

6.智能制造：大规模个性化定制

从产业链的角度看，信息技术对产业链渗透的最深层次就是进入到产品生产制造环节，即通过智能化升级，提高消费者需求响应的能力。智能制造不是一日之功，除了物联网技术之外，还需要大数据资产的支撑。红领制衣从传统的B2B（商家对商家）大规模订单生产到C2M（顾客对工厂）大规模个性化定制，整整用了10年的时间，积累了超过200万名顾客个性化定制的数据，包括板型、款式、工艺和设计数据。西装数据建模和打版过程涉及很多细节，一个数据的变化会同时驱动9666个数据的同步变化。C2M大规模个性化定制可以满足超过1000万亿种设计组合和超过100万亿种以上的款式组合。系统还可以做到对物料数据的整合与管理，自动配里料、自动配线、自动配扣。

六个层次的渗透从需求链到供应链由浅入深。前三个层次面向需求链，使消费者能够更便捷地找到所需产品和服务，企业能够更准确地识别谁是目标消费者，并可以延伸产品和服务，让消费者"一站式"解决需求。后三个层次面向供应链，使企业的服务流程更加以人为本，固定投资更加合理，生产制造过程更加智能化。

需求链驱动供应链，信息科技让过去的不可能变成了今天的现实。当前，我们正处于科技创新风起云涌的信息时代，互联网、大数据和智能制造三大技术创新对传统产业链由浅入深的六层次影响，构成了战略坐标系的时代轴。

四、规律"引力波"：抓住产业趋势

产业轴和时代轴的叠加效应，就给我们的产业规律带来趋势上的"引力波"，并且这种"引力波"在相当长的时间内都会存在。

1.产业"链"变成产业"圈"

企业与企业之间的合作不再构成一个链条，而是一个圈。企业的供应、生产、设计、销售和服务构成一个圈，紧紧包围着客户。基于互联网技术，客户可以与产品和服务的任何环节随时随地进行沟通，表达自己的意见。这样全方位的沟通保障了产品和服务与客户的需求是充分匹配的，也有人把这种产业链关系称为产业社区。无论是产业圈还是产业社区，本质上都是让供需更加匹配，让产业链各环节的关系更加紧密，从而一体化地应对客户需求。

2."以客户为导向"变成"以用户为中心"

在传统的商业理念中，"以客户为导向"被认为是颠扑不破的真理，但在信息时代，这个理念要变成"以用户为中心"。首先，企业要区分客户和用户的不同，客户是企业的直接销售对象，但可能并不是企业的最终用户，它可能是经销商或者中间商，产品在他们那里经过组合或再加工后才能到用户那里。过去企业受沟通成本和沟通方式的限制，往往只与直接客户沟通，而无法听到最终用户的感受。其次，企业要区分导向和中心，导向是在前面引导，企业去追随客户需求，而中心是企业打开内部价值链，去拥抱用户需求，这两个理念有着非常大的差异。也有人把用户与企业之间的关系称为消费社区，本质上与产业社区一样，都是强调各方角色的一体化关系。

3.企业只能有三种角色

企业的角色一是以用户为中心的平台企业，例如小米和阿里巴巴；二是聚焦在产业圈中的某一个环节的专家企业，比如小米的元器件供应商和天猫平台上的商家；三是探索新技术、新模式的创新企业，就像靠发动机技术颠覆马车时代的汽车企业一样。创新企业不是一个稳定的角色，随着产业的日趋成熟，必然会逐步过渡到平台企业或者专家企业角色上来，除非创新企业一直在创新上保持绝对的领先。华为就是靠技术驱动需求，在技术创新上持续领先的企业。尽管它没有像小米一样去做消费社区运营而成为平台企业，但它的技术创新力让它一直保持着创新企业的角色。

4.产业演化的进程加快

产业演化进程加快的原因首先是技术创新日新月异，超前业态的领域层出不穷，一项技术突破迅速带来大量的跟进者，使超前业态原本冷清的、参与者寥寥的状态迅速变成热闹的、模仿跟进者蜂拥而至的状态，这意味着畸形业态的特征前向叠加到了超前业态阶段。其次是畸形业态下"小散乱差"的产业结构会被产业资本或优势企业依托互联网技术而快速整合起来，反过来催生一些专家企业出现，而原来的专家企业是靠竞争自然演化出来的，周期较长，这意味着重组业态的特征前向叠加到了畸形业态阶段。再者是重组业态下的产业链竞争加剧。互联网时代流行一句话，就是在任何行业，只有第一，没有第二。垄断竞争是规范业态的典型特征，这意味着规范业态的特征前向叠加到了重组业态阶段。最后是规范业态下，处于垄断竞争格局中的企业经受着技术创新、模式创新的巨大挑战，就像柯达破产、SONY衰败、Nokia重组、互联网电动汽车对传统汽车的替代、物联网技术应用对BAT（百度、阿里巴巴和腾讯）现有模式的冲击等，超前业态与规范业态并行，颠覆的力量如影随形。

战略坐标系一旦建立，任何企业都可以找到自己在坐标系中的位置。处于什么业态？适配哪些战略图谱？被互联网化的深度？在新趋势里如何定位？企业在坐标系中找准自己的位置不是目的，判断趋势才是关键。在趋势里选择定位，企业才能够掌控战略上的主动权，使企业免于成为产业链上下游夹击的"透明体"，或者成为无力回天的"被替代"者；才能够能够依靠趋势的力量，成为主宰自己命运的弄潮儿。

五、战略坐标系下的突围和立位

在战略坐标系中，如果企业选择从一个旧坐标转移到一个新坐标，就需要走出自身原有的业务边界，向新的领域突围。

1.两种基本的突围思维

企业突围有两种基本的思维，一是基于战略机会开放性地整合资源；二是通过核心资源能力的转移与应用，进入全新的业务领域。

北汽福田的前身是1989年在山东诸城成立的一家国营机动车辆厂，没什么高端技术，靠生产卷扬机、杀鸡用的脱毛机、纺织用的并条机等小打小闹地过日子。但当时的厂长王金玉不满足于这种状况，想用汽车的技术造农用车。为了得到一套价值500万美元的车身模具，他放弃法人资格，以567万元的账面净资产重组进北京汽车摩托车联合制造公司，企业因此更名为北汽摩诸城车辆厂。1996年10月，他们生产的"像汽车的农用车"销量达到全国第一。就在同年，王金玉又开始梦想着造汽车。一个造农用车的公司，资金实力和技术实力都很弱，怎么可能造得了汽车？但它做到了。短短一年时间，企业就生产了8个系列、46个品种的汽车，1997年汽车市场占有率达到了12%，2004年达到了一汽用40年、二汽用30年完成100万辆的生产纪录。

它是如何做到的呢？没有模具，王金玉就去找山东潍坊工模具总厂；没有车架，就找北京怀柔植保机械厂；没有柴油机，就找安徽全椒柴油机总厂……总之，缺什么，就到市场上找什么，但这些资源都是别人的，人家凭什么要给你用呢？王金玉想到了一招，就是让这些企业以产能作价，折算成股份，大家一起设立一个公司，共同造汽车。于是，北汽摩诸城车辆厂在1996年采取资产重组的方式联合其他99家法人单位，共同组建北汽福田股份有限公司。这100家法人股东中，有55家主机配套厂、45家经销企业，分布于全国13个省、直辖市和自治区，这在当时被称作"百家法人造福田"。

这个案例打破了我们的一种通常认知，那就是战略选择必须在自身资源辐射的范围之内，否则再好的战略机会也不是你的企业该考虑的，只能望梅止渴。这个案例还告诉我们，资源是一个变量，同时也是一个开放的变量，企业在评估自身资源的时候，不应该只看静态的资源存量，还要看能够整合的动态的资源增量，这就大大扩展了企业战略选择的空间，让企业有机会从小池塘延伸到大池塘，甚至是海洋。

日本的富士与美国的柯达都生产胶卷，属于同一个产业。2013年8月20日，柯达宣布破产，但富士胶卷却实现了转型。自2007年开始，富士进入了貌似完全不搭界的化妆品领域，并一举获得成功，产品以显著的抗衰老及内外兼修护理功能风靡日本。2011年，产品进入中国市场，开始走俏。富士的医疗保健业务（包括制药、化妆品及医疗设备业务）带来的营收已约占其整体营收的20%，仅次于复印机和办公用品业务，正在成为富士业绩增长的一个亮点。

富士为何能够成功地从胶卷产业延伸到化妆品产业呢？这要从富士的技术优势说起。从2006年开始，富士将自己原有的4个研究所——尖端核心技术研究所、有机合成化学研究所、先进打印材料研究所和生命科学研究所整合为"富士胶卷先进研究所",并以此为创新基地,进行跨产业的技术研发。他们发现,为使胶卷更加优质,就需要将各种高分子化学成分在保持原有机能的状态下超微分子化,这样才能稳定在薄薄的胶卷中,这一原理和人体肌肤护理中"将必要成分充分地输送至肌肤需要的部位"别无二致。胶卷用来防止褪色的抗氧化技术,也是化妆品中不可或缺的一种技术。照片褪色的原因和人体肌肤老化的原因,都是由于活性氧造成"氧化"现象而导致的。于是,富士的业务延伸到化妆品领域也就顺理成章了。

富士的成功转型,告诉我们另外一种突围的思维,就是将自身核心资源能力在其他领域进行转移与应用。从表面上看,企业貌似进入了完全不相关的领域,实际上背后所立足的核心资源和能力是高度一致的。

2.两种终极的立位方式

所谓立位,就是企业掌控战略主动权,在选定的业务边界里站稳脚跟,构建竞争优势。这需要企业不断向用户靠拢,与用户靠得越近,战略主动权就越大。向用户靠拢有两种终极方式,一种是倾听用户需要什么,另一种是告诉用户需要什么。

如何才能倾听到用户的需求呢?那就是走进用户的生活之中,高频率、持久地与用户群体互动交流。小米为了让自己的用户开心,与他们保持高频且持久的互动,可谓挖空心思。"米粉"们通过小米的产品而相互结识,通过各种活动而磨合,通过彼此的价值观认同而守望相助,像家人一样凝聚在一起。在这样的过程中,小米不仅能够深刻理解"米粉"们对产品和服务的需求,甚至还能与"米粉"们在生活理念、价值观层面进行深度沟通。这让小米走进了用户的生活方式，甚至内心世界，这样还有难做的生意吗？小米可以根据"米粉"们的需求，后向整合供应链，精准地为用户提供产品和服务。

另一种向用户靠拢的方式是告诉用户需要什么。乔布斯接受采访时说："有些人说：'消费者想要什么就给他们什么。'但那不是我的方式。我们的责任是提前一步搞清楚他们将来想要什么。我记得亨利·福特说过：'如果我最初是问消费者他们想要什么，他们应该是会告诉我"要一匹更快的马！"'人们不知道想要什么，直到你把它摆在他们面前。正因如此，我从不依靠市场研究。"乔布斯的底气，来自于技术创新。用户并不知道技术的进步和可能的应用，而乔布斯知道，所以他有底气去定义一款产品，并且确信用户会喜欢。

告诉用户需要什么，适用于那些基于突破性技术的新产品。如果是基于传统技术的改进型产品，在不了解用户需求的情况下往往会自吞苦果。所以，在技术上的极致追求，也是向用户靠拢的一种选择。一旦产品推出，就会引导一种全新的消费潮流。

现在很多企业都在技术创新上发力。国外像高通、英特尔这样的公司，靠技术的绝对领先来引导市场需求。国内的华为公司，尽管一开始从代理设备起家，但华为在技术上不断投入，形成了强大的技术储备和前沿探索能力。2014年，华为技术研发投入408亿人民币，占销售收入的14.2%；在华为17万名员工中，研发人员占到45%；2005—2014年，华为累计技术研发投入1900亿人民币。技术研发投入的直接体现是专利积累。2014年，中国公司在《专利合作条约》框架下共提交了25539件国际专利申请，其中华为申请的数量为3442件，超越日本松下，成为当年申请国际专利的冠军。持续的技术投入体现到产品中，就会使产品体验超出用户的预期，从而引来用户的极大追捧。以华为手机为例，2015年，华为手机在国内智能手机产业中排名第一，在国际上排名第三。

总之，企业立位必须站在离用户最近的地方，要么扎根于技术，要么扎根于用户的生活方式。

逻辑复盘：坐标模式的精要

坐标模式是通过为企业构建战略坐标系，帮助企业寻找战略拐点的突破策略，这是企业拓展战略空间的一种思维模式。坐标系是由产业轴和时代轴构成的，产业轴代表产业演化规律，时代轴代表科技创新对产业的渗透趋势。两轴相交，趋势相叠，为企业展现出一个全局性的、趋势性的战略坐标，使企业的战略选择和拐点突破变得一目了然。

坐标模式的关键在于战略坐标系的构建。坐标系越清晰，为企业做出新的战略定位就越容易。基于新的战略定位，企业选择突围和立位策略，不断拓展其战略空间，就变得容易操作。

坐标模式的难点是对产业链和时代科技趋势的把握。没有全产业链的思维长度，就会造成短视，只见树木不见森林，被动地接受产业规律的冲击而不能提前布局，顺势而为；没有对时代科技带来的产业转型趋势的深度思考，就会在创新转型上落伍，被迫离开产业竞争的舞台。

坐标模式的操作，遵循以下八个步骤：

第一，梳理全产业链，研判业态特征和趋势。

第二，扫描标杆企业，研判科技创新驱动的产业转型层次。

第三，以产业轴和时代轴为基础，构建战略坐标系。

第四，在战略坐标系中找到企业自身所处的位置。

第五,在趋势中为企业选择新的坐标。

第六,制定企业从旧坐标向新坐标突围的策略。

第七,制定企业在新坐标下的立位策略。

第八,定期做战略回顾与修正。

第三章　突破组织拐点：三角模式

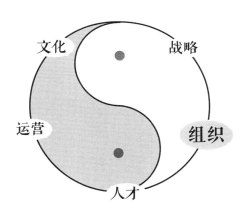

场景导入：腾讯的组织方式是如何脱胎换骨的

从 1998 年创业，到成长为市值 2000 亿美元的互联网行业翘楚，腾讯历经了几次脱胎换骨式的组织变革。

腾讯创业初期，业务规模小，员工数量少，企业将运营重点放在产品研发和市场拓展上。当时，企业采用的组织方式是直线职能制，马化腾任 CEO，与其他四个创始人号称"五虎将"。其他四人各管一摊，分别是研发、市场运营、行政人事和信息安全。简单的组织结构和清晰的管理链条保证了组织的灵活高效，促进了公司业务快速成长。

随着外部市场环境的变化，网络游戏、网络媒体、移动互联网等市场机会不断涌现，腾讯的业务也不断延伸，从而确立了"打造一站式在线生活平台"的战略发展方向，马化腾希望把腾讯做成互联网上的"水"和"电"。到 2004 年上市前后，腾讯的业务部门已增至 30 多个，员工数量也有两三千人。原来的直线职能制，已经无法满足业务扩张的需求，表现在管理方面，就是内部流程冗长、效率低下、责任推诿和员工动力不足等现象不断出现。

2005 年，基于新的业务布局，为了解决突出的管理问题，腾讯提出了"二次创业"的号召，并第一次对组织架构进行大规模调整。企业的组织架构由原来的以职能分工为特征的直线职能制调整为以产品为导向的业务系统制，即将企业分为五大系统：B 线业务系统、R 线研发系统、企业发展系统、运营平台系统和职能系统。业务系统制本质上仍然是直线职能制，它的变化主要体现在对业务按照产品维度进行了归类管理，强调了产品责任的归属。这种以产品为基础的组织架构成为当时业务发展的重要助推器，帮助公司形成了一套非常坚固的产品体系，使公司超额完成了当初设定的战略目标。

随着业务的发展，这种组织架构也为腾讯带来了"大公司病"的困扰，主要表现在：各部门产品依赖 QQ 软件作为资源导入，在激烈争夺资源的过程中，严重破坏了 QQ 的品牌形象与用户体验，导致部门之间矛盾重重，业务创新不足；由于移动互联网时代出现的很多新的产品与领域难以被清晰划归到某一业务系统，因此出现不同产品团队争夺某一产品的现象，致使很多新产品在研发初期处于严重内耗中；庞杂的业务导致组织决策复杂、层级过多、业务关系混乱、部门设置重复；高层领导拉帮结派，部门官僚气氛严重，各自为政。

面对这些问题带来的挑战，2012 年 5 月，腾讯提出了"小公司"策略，对组织架构又进行了一次大规模调整，从原来的以产品为导向的业务系统制升级为事业群制，成立企业发展事业群、互动娱乐事业群、移动互联网事业群、网络媒体事业群和社交网络事业群。同时，又整合原有的研发和运营平台，成立新的技术工程事业群，并成立腾讯电商控股公司。马化腾在给员工的信里说："这次调整的基本出发点是按照各个业务线的属性，形成一系列更专注的事业群，减少不必要的重叠，在事业群内能充分发挥'小公司'的精神，深刻理解并快速响应用户需求，打造优秀的产品和用户平台，并为同事们提供更好的成长机会；同时，各事业群之间可以共享基础服务平台以及创造对用户有价值的整合服务，力求在'一个腾讯'的大平台上充分发挥整合优势。"

而后，腾讯又在2013年、2014年对组织结构进行过一些微调，但都是基于业务取舍做的部门撤并或增减，并非组织方式上的根本性改变。

腾讯的下一次组织变革何时到来，我们难以预知，但纵观腾讯组织结构的历次调整，我们可以判定：组织方式的适时变革，是支撑企业进入新发展阶段的关键力量。

企业出现问题，企业家最先审视的是战略拐点，如果是战略上出现问题，限制了企业的成长边界，那么战略就是一级问题，其他所有的问题都应归为二级问题。一级问题不解决，而去关注二级问题，除了有可能缓解"症状"，对企业实质问题的解决是没有意义的。

解决了战略上的问题，企业仍然困难重重，寸步难行，那么就可能是企业遇到了组织拐点，即组织方式出了问题。员工聚集在一起，必须用某种方式把他们高效地组织起来，同样一批员工，不同的组织方式，所释放出来的能量是完全不同的。

一、如何选择最适合的组织方式

组织方式有很多种，哪种组织方式符合企业当前阶段的发展要求，主要取决于企业的业务规模和员工人数。除此之外，其他变量也会对组织方式的选择产生影响，这些变量包括：企业家的精力和能力，产业环境的变动程度，互联网技术的应用水平，员工素质基础，等等，它们会影响某种组织方式与业务规模的匹配程度。

不同的组织方式，对企业业务规模和员工人数的承载量是不同的。企业之所以出现"忙不过来""责任空转""自燃不燃"等现象，就是因为组织方式的承载量不够了。

1.一个创业老板的组织变革之路

我先从业务规模和员工人数的角度来解读组织方式是如何变化的，我把这种变化称为"规模驱动的组织方式演变"。

创业初期无组织

我们假设你开始创业了，一开始业务规模不大，你也完全具备做这项业务的所有技能。这种场景下，你需要一个什么样的组织？

其实，在这种场景下，你根本不需要组织，一个人做这件事就是最匹配的。我们一定要明白，组织是为经营服务的，是为完成企业目标服务的，因此我们没有必要建立一个没有用处的组织。

直线制：需要帮手

我们继续演绎这个场景：随着业务规模的扩张，尽管你完全具备做这项业务的所有技能，但你的精力不够用了，你开始忙不过来了。这种场景下，你需要一个什么样的组织呢？

这时候你最需要的是帮手，帮手不需要有自主性和创造性，他们只需要执行你的指令就可以了。这种企业中只有你和帮手的组织方式叫直线制。

职能制：需要专业人员

随着业务规模的扩张，你不但精力不够用了，能力上也出现了短板。比如，你创业的项目是开一个早餐店，随着早餐店生意越来越好，你卖的东西越来越多，你不但自己忙不过来，需要帮手，你还因为缺乏财务知识，导致你算不清楚账了。尽管从总数上你能把握收支，但以往左兜计支出、右兜计收入的方式，已无法计算出卖包子和卖油条到底哪个更挣钱。这时候你需要找一个财务人员，他以财务技能来弥补你财务知识的不足。这类人员就是职能人员，这种组织方式被称为职能制。

问题来了，当企业里既有帮手型的下属，又有职能型的下属时，因为老板在某些方面不及职能型下属专业，就经常会出现职能型下属代替老板去指挥帮手型下属的现象。如果老板的指令和职能型下属的指令不一致，帮手型下属就会无所适从，这就造成了组织关系的混乱。

2.实现组织规模化扩张的四种方式

如何解决组织关系混乱的问题呢？那就是在一个组织中，只保留老板这一条指挥链，职能型下属不得直接向帮手型下属发号施令，除非他得到了老板的授权。这样既能实现直线制下的业务量支撑，又能实现职能制下的专业技能支撑，还能够保持组织内部指挥链的一致性。这种组织方式被称为直线职能制。

直线职能制：老板强则公司强

直线职能制这种组织方式能够承载大多数创业企业和中小企业的业务规模和人员数量。所以，直线职能制是当前企业最常见的组织方式。直线制和职能制，由于其存在明显的适用条件和缺陷，基本上不会成为一个稳定的组织方式，顶多扮演一个阶段性的过渡方式。

实行直线职能制的企业，动力来源是企业家。如果企业家不主动去协调各条职能线，它们就会处于停摆状态。为什么企业家是动力来源呢？

因为在整个组织里，对利润负责的只有企业家，各职能线只对影响利润的某一个要素负责而已。直线职能制组织就像是由一个发动机驱动的组织，企业家就是那个发动机。

直线职能制又能承载多大的业务量和人员量呢？不同的企业家、不同产业的生产方式都会对这个边界量产生影响，但有几种现象可以说明这种组织方式的承载量达到了边界，那就是"忙不过来""责任空转"和"自燃不燃"。

直线职能制是按照职能线来划分与设置部门的，各条职能线只有协调配合，才能完成企业的目标。随着业务规模的扩张，职能线的划分越来越细，意味着协调的难度越来越大，总有一天，会让企业家"忙不过来"。此外，职能线的员工都有明确的职责分工，这就容易导致"责任空转"，出现"各人自扫门前雪，哪管他人瓦上霜"的现象。因为每条职能线关心的都是整体目标中的一个局部要素，他们只要做好分内的事，就算完成任务。企业的经营压力无法传导到职能线上的员工，大家无压力，也就难有动力，体现到整个组织上就是"自燃不燃"。

事业部制：支撑多元化业务

如何在直线职能制的基础上，提高组织的承载量呢？

当企业家"忙不过来"时，就需要分解企业家所背负的利润责任，也就是把一个发动机分解成 N 个发动机。还拿早餐店为例说明。老板可以把包子产品线、油条产品线分别作为独立的利润核算单元，同时安排两个人分别对两条产品线的利润负责。只要这两个产品线的负责人完成了利润指标，企业整体的利润指标也就有保障了，企业家就把自身的利润责任分解到了两个产品线负责人身上。产品线负责人由于背负着利润责任，所以他就有动力去协调供、研、产、销等各职能线，从而也变成了发动机。于是，企业家就从繁重的日常管理协调工作中解放出来，有更多的时间关注企业的战略，监控各产品线的运行并及时纠偏。我们把这种组织方式称为事业部制。产品线就是事业部，承担着利润责任；产品线负责人就是事业部总经理，是背负着利润责任的"发动机"。

事业部制比直线职能制所承载的业务规模和员工数量要大很多，能够支撑企业多元化业务的发展。但事业部制还存在一种衍生的方式，可以匹配更加复杂的业务结构。

矩阵制：解决利润单元的交叉问题

事业部是按产品线维度进行划分的。当企业开始跨区域扩张的时候，就会带来一个新问题：谁对区域的利润负责？这就需要企业按区域维度划分事业部，形成区域事业部。区域事业部和产品事业部又有交叉，在区域中囊括了多元产品，而产品又贯穿了各个区域。这就要求区域事业部和产品事业部的总经理加强沟通与协调，为各自的利润目标负责。这种相互交叉的利润单元形成的组织方式，被称为矩阵制。

矩阵制这种组织方式，让组织的复杂度达到了巅峰。组织不可能无止境地复杂下去，因为组织本身存在的意义，是使内部交易成本低于外部交易成本，或者是内部协调效率高于外部合作效率。一旦内部交易成本或协调效率失去了优势，组织就没必要存在了。

在实践中，直线职能制、事业部制和矩阵制被不断地组合运用，以承载更大的业务规模，但其边际递减的效应已非常明显，随着业务规模的不断扩大，企业往往陷入叠床架屋、行动迟缓的低效陷阱。

网络制：一个大企业解构成 N 个小企业

出路在哪里？

物极必反，将陷入低效陷阱的大企业解构成 N 个小企业，成了组织方式的演化趋势。

阿米巴组织是日本"经营之圣"稻盛和夫提出的一种组织方式。他认为大企业的组织方式过于复杂，对各级管理者的能力提出挑战，很少有人能够驾驭复杂的组织，而小企业的组织则相对简单，对管理者的要求也没有那么高。这种体会源于他自己创业的经历。创业初期，员工人数较少时，他作为一个技术出身、没有管理经验的老板，还能够勉强应对。随着员工人数增多，各种管理冲突和矛盾不断涌现出来，让他无所适从。

如何解决日益复杂的组织所带来的问题呢？他冥思苦想，最终想到了化整为零的解决方案。他把大企业解构成 N 个小企业，把小企业比喻成生物学上可灵活变形的单细胞"阿米巴"。每一个"阿米巴"单独核算，"阿米巴"的负责人只需要遵循简单的逻辑：尽量提高"阿米巴"的收入，降低"阿米巴"的成本，只要收入大于成本，这个"阿米巴"对企业整体的贡献就是正数，否则就是负数。负数对企业是一种伤害，所以贡献是负数的"阿米巴"会被解散，人员再融合到其他"阿米巴"中去。在企业整体层面上，需要建立一套经营会计核算方法，来界定每个"阿米巴"的收入和成本，同时牵引每个"阿米巴"在实现自身目标的同时，也能够实现企业整体目标。

比阿米巴组织更纯粹的是海尔推行的"人单合一双赢模式"，它将企业解构到每一个员工。"人"即为员工，"单"即是市场目标，并不仅仅是狭义的订单，而是广义的用户需求。"人单合一"即让员工与用户融为一体。而"双赢"则体现为员工在为用户创造价值的同时，也体现出自身的价值。员工成为自主创新的主体，由此形成了企业与员工之间关系的新格局。每个员工都有一张损益表，能够清晰核算出员工本人对企业的价值贡献，而配套的"人单酬表"则将个人收益与价值贡献挂钩。与稻盛和夫推行的组织方式比较，海尔的每一个员工就是一个"阿米巴"。

无论是阿米巴组织还是"人单合一双赢模式"，都是属于同一企业范畴下的解构。而有的企业将内部的职能转化成了外部组织，变成真正的市场合作关系。例如，耐克公司除了保留下最核心的技术研发、品牌管理以及一个生产气垫部件的工厂之外，其余的职能都转化为外部合作，比如基础研究、广告、物流、生产和渠道等。这种组织方式被称为网络制。

阿米巴组织、"人单合一双赢模式"、网络制这些组织方式，可以把任何大企业解构成足够多、足够小的经营单元，或外化为合作组织，那么组织的业务规模承载量就不再是组织方式的挑战，业务规模不再受限于组织方式的承载能力，而是取决于市场容量和竞争格局。

3.生态型组织：激发企业创新力的新方式

当组织方式的演化不再以承载量为衡量指标，创新力就成为承载量背后更重要的指标。企业只有创新才能够有业务竞争力，才能够有业务规模。

什么样的组织方式，更有利于激发企业的创新力呢？平台型组织、混序组织、无边界组织、合伙人组织等新概念应运而生。实际上，这些概念都只是从某一个方面来界定新型组织的特征而已。这种新型组织方式被称为生态型组织，它具有五个鲜明的特征。

平台化

生态型组织方式下的企业变成一个共享平台，内部的所有团队或个人，都是这个平台服务的对象。平台建立的目的就是让团队或个人在这个平台上，价值得到最大限度的释放。

2014年，海尔集团开始对组织进行平台化改造，提出"企业平台化、员工创客化、用户个性化"的目标。按照张瑞敏的解释，企业平台化就是企业可以整合全球的资源来完成目标，从而从原来封闭的组织演变为一个可以自循环的开放生态圈。员工创客化就是让员工从被动的执行者变成主动的创业者。用户个性化就是用户已经成为一个中心，企业必须以用户为中心，满足用户的个性化需求。按照这个思路改造完之后，海尔的组织里就只有三种角色：平台主、小微主和小微成员。平台主搭建一个平台，做两件事：一是把原来的组织结构、流程解散之后变成互联网式的；二是确保这个平台是开放的。小微主就是一个个创业团队的队长，这个队长就是一个小微，可以利用社会化的资源、资金进行创业。而小微成员则是自我驱动型的创业者。

平台化也可以说是去中心化。企业的运行不是靠一个远离战场的指挥中心来发号施令，而是依靠前线的作战小组来确定应对策略。任正非推崇军事化管理模式，他专门研究了美国特种部队的作战方式。美军在阿富汗的特种部队分为多个作战小组，每个小组三个人，包括一名战斗专家、一名信息专家和一名火力专家，他们彼此互相了解。假如发现敌人，战斗专家负责警戒，保护小组成员的安全；信息专家快速确定敌人的数量、位置和装备情况；火力专家则根据信息专家的反馈配置最合适的火力，按照规定直接向后方下达作战命令。命令下达后，美军飞机、导弹等炮火会覆盖目标区域，瞬间消灭敌人。是否需上级授权按照所需炮火成本来定。例如，一次作战的炮火成本低于 5000 万美元时，可不经上级批准，直接下作战命令。

任正非认为，华为也应该是后方配备先进设备和优质资源，在前线一发现目标和机会时就能及时发挥作用，提供有效的支持，而不是拥有资源的人来指挥战争，导致拥兵自重。基于这样的指导思想，华为提出了"让听得到炮声的人呼唤炮火"的理念，"铁三角"模式就是在这样的理念下产生的。华为的"铁三角"是聚焦客户需求的一线作战单元，由客户经理、解决方案专家和项目交付专家组成。它解决了以往部门各自为政、相互之间沟通不畅、信息不共享和对客户承诺不一致等诸多问题，形成面向客户的以项目为中心的一线作战单元，从点对点被动响应客户，变成面对面主动对接客户，从而大大提高了华为的战斗力。

无边界

在传统思维模式下，为了完成一项任务，企业不得不在人才市场上招聘相应的人才，而现在企业更愿意采用外包的方式去解决。人才市场上的自由职业者也越来越多，他们不希望将劳动关系限定在某一家企业，而更愿意与企业就某项具体任务展开合作，等任务一结束，合作关系就可以解除。

较早提出"无边界"理念的，是通用电气的前 CEO 杰克·韦尔奇。他入主通用电气时，看到企业机构臃肿、管理层级复杂、决策层次过多、灵活性低、缺乏创新。这离他想象的"迅速而灵活，能够在风口浪尖之上及时转向的公司"相差太远。他想打造一个无边界组织，将各个职能部门之间的障碍全部消除，工程、生产、营销以及其他部门之间能够自由流通，完全透明；国内和国外的业务没有区别；把外部的围墙推倒，让供应商和用户成为业务链的组成部分；推倒那些不易看见的种族和性别藩篱。无边界的管理模式再造了通用电气，在短短20年的时间里，通用电气的市值达到了4500亿美元，增长了30多倍。

韦尔奇提出的无边界，侧重于消除组织内部部门、业务、区域和种族等之间的界线。而现在，组织外部的边界也越来越难界定。苹果手机风靡全球，模仿者能够跟进苹果手机的技术、外观和功能等，但很难跟进苹果基于手机终端建立的App Store（应用商店）服务模式。而这种服务模式才是支撑苹果手机销量的关键力量。在App Store平台上，所有人都可以成为开发者，苹果对开发者没有任何资金和资质的限制。开发者在App Store上注册之后，App Store就会为其提供软件开发工具包和相应的技术支持，帮助开发者设计应用程序。开发者负责开发应用程序，可以自由定价，也可以随时调价；苹果负责提供平台和软件开发工具包，负责应用程序的营销推广，负责向用户收费，再按月结算给开发者。苹果与开发者按照三七的比例分成，因为是系统自动结算，所以开发者完全不用担心拖欠工资的现象。我们既可以把开发者理解成苹果依靠三七的比例分成的利益机制链接在一起的合作者，也可以理解成苹果公司的员工，苹果与它按照三七的比例进行利益分配，只是它们之间不存在法律意义上的劳动关系而已。开发者是合作者还是员工，这之间的界定是非常模糊的。

项目驱动

在追求创新力的科技时代，项目驱动的趋势也越发明显。在创新领域，充满着不确定性，没有常规路径可走，企业必然要根据外部环境的变化不断调整，因此就无法形成稳定的部门分工和组织结构，同时工作流程和业务体系也很难稳定下来。因为流程主要是针对一些常规的、重复性的工作而进行的标准化设计，但创新领域没有常规工作，重复性很低，几乎都是探索性的，那么流程体系就无法确立。在分工和流程都无法有效满足企业创新需求的情况下，项目驱动成了一种可行的选择。

此种选择下，企业内部不再有明确的、刚性的职位设置，职位角色被任务角色所替代。员工加入到某个项目中，就承担一定的任务角色。当项目结束后，这位员工的任务角色就消失了，再进入新的项目时，他有可能被分配一个与上一项目完全不同的角色。在这样的企业中，项目是组织的主要结构。由于项目是动态的，所以组织结构也是动态的。

一个生产家用电器的企业，传统业务下滑，于是开始推动组织由流程驱动向项目驱动转变。为了平稳过渡，在常规组织中保留了原来按照业务流程来界定的各部门和职位的设置，同时在全体员工中开始征集创新项目。任何人都可以提出创新项目申请，一旦决策层评审通过，就从常规组织中抽调人员，形成创新项目组，并根据项目预算，匹配相应的资源。通过这样的改革，这家企业在2015年就开拓了几十个创新项目。项目组成员一进到项目组，原来的职位角色就消失了，就要在项目里承担项目经理分配的任务角色。一旦项目结束，员工从哪个部门来的，就再回到哪个部门去，同时恢复原来的职位角色。这家企业的目标是通过三年的过渡，彻底转变为项目驱动型组织。

合伙人机制

在传统企业中，员工的工作动力多是来自于企业推行的"胡萝卜加大棒"的激励机制：干好了就有胡萝卜吃，干不好就要挨大棒。这些措施都是通过施加外在影响来驱动员工的。而在生态型组织中，员工的动力更多是发自内心，他们是靠自我驱动去开展工作的。

如何才能让员工自动自发地去工作呢？合伙人机制就是一种很好的选择。首先，员工选择一个职业平台，能够满足自己的职业兴趣；其次，员工还能够在利益分配上共享企业收益；再者，员工能获得成就感，实现自身价值。当一种机制能够满足以上要求时，员工还有什么理由不努力呢？

国内一家知名管理咨询机构，在合伙人层面推行1∶9利润分配机制，这在业界算是最有吸引力的分配机制了。这种机制下，合伙人可以自主组建咨询团队，承接的业务按项目独立核算，利润按照合伙人90%、机构10%的比例进行分配。这个机制一经推出，短期内就聚集了大量的高端人才。该机构通过不断筛选、优化，形成了比较稳定的、高水平的合伙人队伍，实力得到迅速增强。可以看到，企业在合伙人层面达到了自我驱动的状态，但在员工层面尚不是合伙人机制，所以它还不是真正意义上的生态型组织，或者说企业仅是在合伙人层面上具备了生态型组织的特征。

混序

混序并不是指没有秩序，而是有序的混沌。从表面看，制度流程很不规范，经常被优化和调整；管理层级不明确，经常跨级沟通甚至倒置，但企业的创新层出不穷。就像热带雨林，虽然没有园林师来维护，各种植物杂乱无章地纠缠依傍在一起，但每种植物都在主动争取自己的生存空间，因此呈现的景象是生机勃勃、茂密繁盛。

混序的组织为其各专业方向、各业务领域的员工提供了他们各自独立时无法得到的资源和环境。有更多自发碰撞的机会，才能创造最大的价值。谷歌允许工程师以20%的时间去从事个人感兴趣的非正式项目，这就是在有意营造一种混序的状态。2004年，谷歌联合创始人拉里·佩奇和谢尔盖·布林在致潜在投资者的邮件中强调了这一管理方式的重要性："我们鼓励员工，在常规项目之外，能花 20% 的时间去从事他们认为对谷歌最有益的事。这将带来更多的创造性和创新。我们许多重要成就都将以这种方式实现。"谷歌这一创新的管理规定催生了 AdWords、AdSense、Gmail、谷歌新闻和 GTalk 等产品。

2005 年 5 月，一个周五的下午，拉里·佩奇在谷歌网站上闲逛，他输入一个搜索请求，而出来的结果都与请求不太相干。拉里把不理想的搜索结果打印出来，贴在公司台球桌旁的公告板上，并写了"这些广告糟透了"几个字。他没有打电话，没有给任何人发邮件，没有召开紧急会议，没有对任何人提及此事。第二周的周一清晨 5 点零 5 分，一位工程师给他发来邮件，说他与几位同事在玩桌球时看到了他贴的文件，于是他们利用一个周末的时间，把 AdWords 广告体系的算法搭建完成，并附有测试结果。由此，一项价值几十亿美元的业务应运而生。值得一提的是，五个人中没有一个人是广告部门的。

生态型组织的五个特征不是孤立的，而是内在一致的。组织的公共职能趋向平台化，业务职能就需要独立化、项目化。平台化意味着开放、共享、自主自发，所以无边界、合伙人机制、混序就成为组织的显著特征。

从直线制、职能制、直线职能制、事业部制、矩阵制、网络制再到生态型组织，这一路演化，就是不断提高组织对业务和人员承载量的过程。演化的背后有两条逻辑在发挥作用：一是组织的大"发动机"分解出的小"发动机"越多，组织对业务和人员的承载量越大，"发动机"就是企业里的各级"利润责任主体"；二是互联网技术降低了沟通成本，使组织的扁平化和大"发动机"的分解成为可能。两条逻辑共同作用，推动了组织方式的不断演化。

这么多种的组织方式之间并不存在先进和落后之别；只要适应企业的发展阶段和所处环境，它就是好的。所以，在商业社会中，这些组织方式几乎都同时存在着，在各自的具体环境中承载着企业的发展使命。

二、为组织注入战略灵魂

美国管理大师钱德勒有一个著名的观点：组织跟随战略。组织要体现企业的战略意图，支撑企业的竞争，否则组织就失去了运行的灵魂。同处一个行业、具有同等规模的不同企业，为什么组织结构不一样？那是因为战略不一样。但很多企业不能理解这一点，往往直接将其他企业的组织结构套用在自己身上，而这种组织结构往往是无法体现自身战略要求的。有的企业战略本身就不清晰，那么组织也就无法真正地跟随战略。组织能发挥的价值，只是对现有业务人员规模的承载而已。

对于一个战略清晰的企业来说，必须为组织注入战略灵魂，这样才能赋予组织具有价值的生命。战略注入组织体现在两个方面。

1.保持核心竞争力要求组织提供绝对保障

企业的战略不同，所需构建的核心竞争力不同，对企业内部的部门设置和流程设计的要求也就不同。如果企业想打"价格"这张牌，那么在内部就必须有成本控制的主责部门，建立明确的成本控制流程，并由此流程来主导其他流程；如果企业想打"服务"这张牌，那么在内部就必须有服务保障的主责部门，建立高效的服务响应流程，并由此流程来主导其他流程。核心竞争力是企业要培育的可持续的能力，必须有明确的组织部门和流程来保障与支撑。

有一家从事门窗幕墙工程承包和施工业务的企业，其基于战略的价值链如图3-1所示。

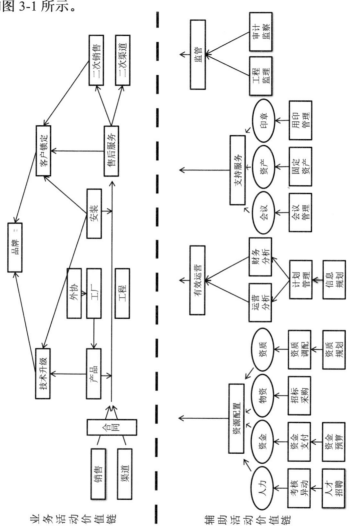

图3-1 某企业的战略价值链1

这家企业将技术升级和客户锁定作为核心竞争力，以打造品牌。为了培育这两大核心竞争力，企业专门设立了技术研究院和客户经营中心两大部门,以及针对响应两大核心竞争力的关键流程(见图3-2)。这两类流程是优先级最高的流程,其他流程必须为这两大流程让路,保障其畅通无阻。

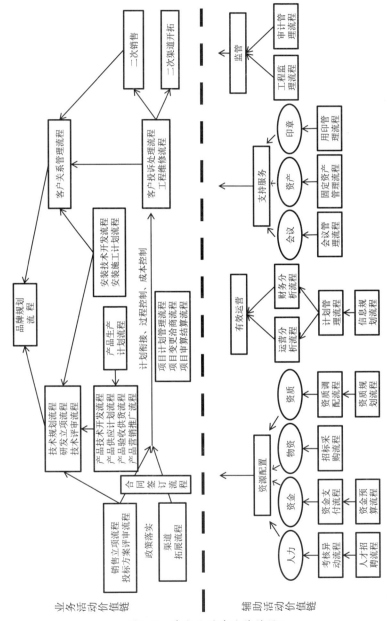

图3-2 某企业的战略价值链2

我们再来看万科。万科的组织结构尽管分了四个管理层级：总部、区域公司、城市公司和项目公司，但在总部仍然保留着两个业务职能：一个是产品管理职能，对应产品线内部的四个部门；一个是物业管理职能，对应管理线内部的物业管理部。如图 3-3 所示。

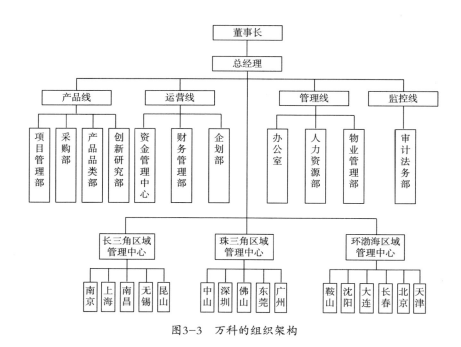

图3-3　万科的组织架构

对于一个千亿级的企业来说，总部基本上不再做具体的业务管理，而只做方向性的决策。万科为什么要保留这两个具体的业务职能呢？这就与万科的核心竞争力相关。万科从初创期的多元化业务转型到住宅房地产这一单一业务领域之后，明确了自己的战略定位：面向城市新兴白领阶层，在城乡接合部提供标准化的住宅产品。在竞争层面，万科靠两张牌赢得市场：一张牌是产品设计，即通过对客户的深入了解和研究，不断研发满足客户需求的住宅产品；另一张牌是物业服务，即为业主提供高品质的社区软环境。这两张牌就是万科的核心竞争力，支撑着万科从深圳走向全国，从一个项目型公司走向千亿级的集团公司。为了保障核心竞争力的不断积累、强化和提升，万科坚持把这两个业务职能放在总部进行直接管理。万科组织结构的显著特征，正是万科的战略灵魂在组织上的体现。

2.任务攻关要求组织聚焦发力

战略推进有方向、有模式，也有阶段性的攻坚任务，企业必须调集优势资源，聚焦发力，逐一攻克战略实现过程中遇到的障碍和难题。比如为了产品尽快上市，需要企业进行技术攻关、供应链攻关；为了大幅提升销售额，需要企业进行渠道攻关、实销攻关；为了提高客户满意度，需要企业进行售后服务品质攻关、客户俱乐部运营攻关等。

攻关任务具有明显的时效性。当某些障碍或难题影响战略实现时，企业就要调集资源重点突破。一旦这个障碍被成功清除，它就成为历史，企业需要把注意力快速调整到下一个障碍点上。这是一个动态的过程，每个障碍点都不一样，需要调集的人员也不一样，所以企业通常会用虚拟组织或临时组织来应对。比如成立技术攻关小组，对产品技术问题进行突击。技术一旦稳定，这个攻关小组的使命也就完成了，虚拟组织或临时组织就可以解散。

总之，组织是否具有战略灵魂，要看三个方面：一是部门设置是否体现产业价值链的特点；二是核心竞争力是否有组织部门进行保障和支撑；三是阶段性的攻坚任务是否有虚拟组织或临时组织进行响应。

三、搭建组织化管控机制

很多企业在扩张的过程中，由于缺乏有效的管控机制，而出现组织失控现象。在实践中，企业家为了实现有效管控，做过很多尝试。

有的企业家认为，一个人的精力和能力有限，管控不过来，可以由自己信任的N个人来分片管控，以突破自身的管控边界。北京有位老板有过这样的经历。当年创业时他自己忙不过来，就把采购部门交给了自己最信任的表弟。表弟当即表态说自己每月只领生活费，剩余的工资先留在财务部，用作企业的流动资金，虽然只是杯水车薪，但这是自己的一份心意。老板很感动，觉得找对了人。两年后，有一次老板在走廊里无意中听到，他表弟在北京买了两套房子，还是全款支付。他很纳闷，单凭表弟的收入，他绝对买不起北京的房子，况且他还没有领全额工资。一调查他才发现，这两年他表弟没少在采购环节捞油水。这位老板悟出了一个道理，人性是不可靠的，就像都说外国人遵守交通规则，但到了中国也学会了"中国式"过马路一样，环境变了，人也是会变的。因此，靠人与人之间的信任来提高企业的管控能力，是行不通的。

有的企业家认为，既然人性这么难以把握，那就尽量减少人的影响，利用技术手段来提高企业的管控能力。江苏有一家建筑企业，花了1000多万元安装了一套监控系统，覆盖全国几十个城市的建筑施工现场，总部办公区内也安装了摄像头。同时，老板又组建了一个督查小组，通过监控系统随时查看所有办公区域和施工现场的情景，整个企业都处于严密的监控之下。一旦发现问题的苗头，企业就发出整改通知。效果如何呢？没过多久问题就来了，各区域公司与总部的矛盾不断升级，上下级之间的对抗越来越严重，企业的工作效率大大降低。最终，老板不得不改变做法，调整了管控理念和管控方式，才让局面得到扭转。

从这些尝试中，可以看到组织的管控靠人和不靠人最终都失败了。那么，如何才能建立有效的管控体系呢？只能靠机制。

1. "三机一透"保障机制支撑和信息透明

企业的有效管控需要机制的支撑，同时企业还要保持信息透明。管控的主动权掌握在企业家手里，松紧可调，张弛有度。

纵向机制：管干分离

纵向机制，顾名思义，就是组织在纵向上的管控机制。我们要研究的首要问题是纵向上应该管控哪些要素。多数人都会想到人、财、物、业绩和投资等，但经常会忽略一个重要的方面，就是战略要素。什么是战略要素呢？就是对企业战略有支撑性的业务要素。每家企业的战略要素不同，决定了纵向管控要素的不同。比如万科，产品研发和物业管理就是它的战略要素，所以这两个要素必须纳入到纵向管控的范畴，否则企业战略就没有了落地支点。

明确了企业的管控要素之后，就要回答管多深这个问题。我们通常把管控深度分为三种：第一种是操作管控，即对企业日常运营的方方面面都会介入管理，代表集权模式；第二种是财务管控，即企业基本不介入日常运营管理，只对财务回报提出要求，要结果不要过程，代表分权模式；第三种是战略管控，介于操作管控和财务管控之间，即企业既要求财务回报，也要求实现财务结果，比财务管控更加集权，比操作管控更加分权。

对某项具体业务，企业该采取哪种管控深度呢？一般来说，跨地域的、成熟的、非关键的、管理基础完善的、员工素质高的业务，可采用分权模式的财务管控；同区域的、培育过程中的、关键的、管理基础弱的、员工素质低的业务，多采用集权模式的操作管控。在同一个企业中，不同业务采取的管控深度也可能是完全不同的，于是经常出现在同一个组织内，三种管控深度并存的情况。

要想使纵向管控效果明显，核心是管干分离。同一个职位既是运动员，又是裁判员，就不可能有管控效果，因此必须把执行者和监督者分开，才能起到监督作用。采购职能即使放在总部，如果没有管干分离，管控机制也不会发挥作用，"跑冒滴漏"就不可避免。如果把采购职能放在分公司，但让管干分离，即使不在眼皮底下盯着，照样不会出问题。

管干分离有两种实现方式。一种是流程内管干分离，即把执行者和监督者分开设置。执行过程中的关键节点时，执行者要接受监督者的监察，这样就降低了风险。另一种是流程外管干分离，即多数企业设置的审计监察职能。日常运营的流程是不需要经过审计监察部门审核、审批的，但审计监察部门有权力随时检查各项工作，发现问题及时报告并监督整改，直到问题被解决。

横向机制：利用制衡关系

横向机制，与纵向机制相对应，它是组织在同一层级上的管控机制，就是要把流程中有制衡关系的环节打开，让它真正发挥制衡作用。比如会计和出纳，一个管账目，一个管现金，这两个角色就有互相制衡的关系。如果账和现金在金额上对不上，就一定有一方出错了。此时，必须把金额对上，才能确保双方的工作都是无误的。如果这两个角色由一个人来同时承担，就有管控上的漏洞。

还以采购为例，除了将采购职能放在总部还是分支机构这种纵向考虑之外，采购职能本身也是一个流程，在流程的上下游也存在着制衡环节，只要把制衡环节打开，采购流程中就很难有漏洞可钻。

在采购流程中，至少有四个环节可以打开。

一是把供应商评估、选择与价格谈判分开。选择供应商时可以成立供应商管理委员会，价格谈判时可以成立价格谈判小组，各有不同的人组成。这样就避免了选择供应商的与价格谈判的是同一组人。

二是把价格谈判与采购执行分开。价格谈判小组只负责进行价格谈判，议价定价，并不参与采购执行；采购交由另外的人去执行，他们对采购价格没有任何影响力。

三是把采购执行与质量验收分开。技术部门进行独立的质量检验。因为他们没有参与价格谈判，也没有参与采购执行，所以更能够保持独立性、专业性，做好质量验收。

四是把质量验收和库房入库分开。质量验收是对物料质量把关，库房入库是对物料数量把关。只有质量和数量均符合验收标准，才能够办理物料入库。

这四个环节打开之后，"铁路警察，各管一段"，谁也没法去影响全流程，即使个别人有心串谋，但由于链条太长，涉及人员太多，被发现的可能性非常大，这就大大降低了采购流程中的腐败问题滋生。

价标机制：有标准才有管控

纵向管控和横向管控在组织中形成纵横交错的控制点，但还缺少一个至关重要的机制。没有它，控制点就会成为冲突点，企业运行就会陷入混乱。这个机制就是价标机制，即要为每个控制点确定评价的标准，没有标准就没有控制。

海南有一家新成立的房地产企业，老板是从其他产业转过来的。对于企业管理，老板充分放权，他只管财务，企业里每一分钱的支出，都要经过他的审批。运行了半年之后，老板就认识到这种管控方式有问题。他发现，尽管支出的每一分钱都是经过自己审批的，但实际上自己非常被动，甚至有被胁迫的感觉，财务部门沦为了各条业务线的提款机。项目经理在提报付款申请单时，备注里特别说明在几月几号之前必须付款，否则施工单位就停工了，或者材料就进不了场了，耽误了工期，一天的损失有多大。对于这样的申请单，老板批还是不批呢？如果不批，工期可能就被拖延了；如果批，感觉自己被牵着鼻子走。权衡再三，他还是给批了。事后，他开始反思，财务审批如果都是这种方式的话，自己的财务审批权还有什么意义呢？

这家企业之所以出现这样的问题，就是因为缺少价标机制。财务支出，关键是要有支出的标准。这笔支出有没有列入资金计划？这笔支出有没有在预算范围之内？这笔支出是否符合合同约定？当缺少这些评价标准的时候，是无法评价财务支出的合理性的。

由此可见，价标机制要求企业必须制定明确的目标、实施计划以及相应的资源预算。目标是企业战略的具体表达，从战略出发，到目标转化、计划实施、预算管理，一脉相承，构成了一个企业的评价标准体系。没有基于战略的评价标准，管控就只能靠个人认知和经验，管松了没有意义，管严了缺乏依据，还容易造成人与人之间的矛盾，将管控变成政治斗争。

信息玻璃板

纵向管控、横向管控和价标机制构成了管控系统，监督着企业的运行，能及时解决和修正可能出现的问题。它们就像人的耳目,如果受到屏蔽,听不到外界的声音,看不到真实的场景,大脑就无法支配身体采取行动。企业也是这样,如果三大机制缺少及时的、必要的运营信息的输入,就会成为摆设。所以,信息透明是三大机制运行的基础和前提。企业中的各层级管理者都应该享有信息知情权,能够及时获取该角色发挥管控作用所必需的所有信息。

信息透明就是企业运营透明化。在众目睽睽之下,一旦有人搞小动作,就会马上被人察觉。万科倡导建设"阳光照亮的体制",创始人王石曾表示:"开放透明的体制,这是对外的,也是对内的。我们相信,阳光是最好的消毒剂,只有做到开放与透明,企业才能永葆健康与活力,才能做到基业长青。"

信息玻璃板有两层含义:一是透明,即能够让管理者随时看到所需信息;二是隔挡,即提醒管理者不要直接伸手去管,而要通过调整机制来管。每年年初,很多企业都会与各级管理者签订目标责任书,然而到年底的时候,往往是任务没有完成,责任也追究不下去。比如子公司负责人承诺要完成的利润目标,到年底时只完成了一半,按约定要扣这位负责人一半的奖金,但子公司负责人不同意,认为利润目标没有完成并不是他造成的,是总部干涉了他的采购流程、限制了他的费用、调整了他手下的人员等一系列原因造成的,所以他不应该承担这个责任。这样就会让业绩管控形同虚设,原因就是运营过程中上级管理者手伸得太长,破坏了原来的机制。

组织化的管控机制,就是由纵向机制、横向机制、价标机制和信息玻璃板构成的,简称为"三机一透"。"三机一透"是在一个利润责任主体之内搭建的。对一个组织来讲,利润责任是组织的终极责任。尽管德鲁克提出利润不是终极目标，甚至不是一个目标，但从财务角度来看，利润是组织经营的最终结果。如果一个企业的整体利润责任分解成了N个小利润责任，那么在利润责任主体之间的管控就变得相对简单，主要靠更高一级的利润责任主体来协调。但在某一个单独的利润责任主体之内，有效的管控就需要依靠"三机一透"来实现了。

2.管控的本质

即使企业按照"三机一透"的原则设计了完善的管控体系，也不一定能够真正落地，管控效果也可能体现不出来，这是因为管控体系背后，有一个本质问题必须得到解决。

北京有一家集团型企业，是从山东济南创业发展起来的。也就是说，济南公司本来是企业的总部，后来企业为了向全国扩张，就把总部迁到了北京，济南公司由总部变成了分公司。集团从全局出发，针对各区域公司设计了管控机制，其他区域公司的管控效果都非常理想，唯独济南公司不配合，对集团的指令阳奉阴违。有一次，这家集团的副总向我抱怨，说老板又催促他针对济南公司出台管理制度。问题出在哪里了？带着这个疑问，我去济南公司走访，接待我的济南公司负责人讲了他对总部的感受。他认为，总部对他们不但没有任何帮助，还经常来添乱，瞎指挥，插手济南公司内部的事务，久而久之，他们就对总部的管理有了抵触情绪。通过进一步调研，我发现济南公司的独立生存能力很强，因为集团的创业阶段就在济南，所以在当地积累的资源非常丰富。济南公司可以自己开发市场，有成熟的团队承接和交付项目，缺钱的话还可以在当地银行融资。从整个经营过程来看，也没有什么需要总部来协助的。所以，他们觉得总部的管理没有任何价值，只是在增加他们的负担而已。

由于济南公司不配合，老板也动过调整人员的念头，但是济南公司的负责人根本不在乎，还说集团要调整他的职位的话，他就带着弟兄们另起炉灶了。老板思虑再三，也没敢轻易下这个决心。

这个案例说明，管控机制背后的本质是"价值"。被管控方对管控方要有所求，反过来说就是管控方要对被管控方有价值。总部无法管控济南公司，是因为总部不能为济南公司提供价值，济南公司对总部也没有任何需求，这就不具备管控基础。也许你会问，济南公司是总部的分公司，从法律和资产关系上看，总部对济南公司进行管控是天经地义的，是受法律保护的。但是，客观现实告诉我们，不具备管控基础的话，法律和资产关系就会变得苍白无力。

企业要想实现管控效果，首先需要确定管控方对被管控方是有价值输出的。

有一家旅游企业，就是通过塑造价值来提高总部管控力的。这家企业在全国各地都有分支机构，而且它们的独立性很强，基本上都能自己养活自己。因为旅游行业的特点，很多业务人员自己就能独立开展业务，所以，钱都让个人挣走了，而公司的利润非常少，形成了典型的"穷庙富和尚"的局面，整个企业实际上是一个大牌子底下养着一大群个体户。一位新上任的总裁，想轰轰烈烈干一番事业，但他很快就发现，总部对各分支机构的管控力很弱。他在各种场合宣讲自己的战略构想，各分支机构负责人阳奉阴违，没人真正配合。他意识到要想实现战略构想，必须先提高总部对各地分支机构的管控力。从何入手呢？他发了一个通知：以后机票由总部统一采购，原因是每年机票购买数量大，总部在航空公司拿的折扣比分支机构自行采购要低。各分支机构都齐声反对，以为总部要把采购权收回去。总部明确解释说，折扣差额返还给各分支机构，总部分文不取。各分支机构这才觉得是件好事,同意了总部集中采购的做法。这次调整之后,总部与各分支机构之间的关系发生了微妙的变化,总部再要求各分支机构配合工作的时候,各分支机构为了不与总部闹僵,影响采购机票的折扣返点,就会表现得积极主动。总部以此价值为起点,又逐步推出强化市场推广力度、客户服务平台建设等一系列举措,不断增加总部的价值点,使总部与各分支机构之间的关系日益密切,各分支机构对总部的改革要求也更加配合。这样,总部就一步一步把各分支机构牵引到了企业整体战略的轨道上来。

在传统组织方式里找到价值点还是比较容易的,但在生态型组织里,员工的自主意识非常强,管理者的权威受到前所未有的挑战,常规管控机制的作用在逐渐消失。在这种情况下,管控机制更需要还原出它的本质。生态型组织作为一个平台,能为员工和业务团队输出多少价值,就意味着它对员工和业务团队的管控力度有多大。

3.企业要在效率和控制之间找平衡

企业对效率的追求是竞争的需要。同样的产品和服务,谁的效率高,谁就能胜出。但管控势必造成效率的降低。要想提高效率,流程越短越好;要想管控效果好,则控制环节越多越好。所以,企业要在效率和控制之间找到平衡。

是以效率为重,还是以控制为重,取决于企业的战略和企业家的管理偏好。如果一家企业的战略要求把效率作为决胜的首要因素,那就必须以效率为重。比如一些科技创新公司,竞争对手风起云涌,谁先突破核心技术,谁先将技术产品化,谁先让产品上市,谁就能赢得这场竞争。在这样的企业里,应该减少控制的环节,发挥团队创新的主动性和积极性，营造容许试错的组织氛围。如果一家企业的战略要求把安全作为经营的基础，那就必须以控制为重。比如有的金融服务企业，在项目选择上，有严格的风险控制流程，有一个环节不过关，这个项目就不可以投，因为一个项目的失败可能对整个企业带来致命的影响。此外，效率与控制的平衡，还与企业家个人的管理偏好相关。有的企业家是民主型的，会给予员工更多的自主决策空间，则效率导向会强一些；有的企业家是强制型的，会倾向于控制每一个流程节点，则控制导向会强一些。企业的战略和企业家的管理偏好不同，就导致了每家企业在效率和控制之间的取舍与偏重不一样。

在效率和控制之间，尽管有一定的选择空间，但也是有红线边界的。一旦超出红线，就必须修正，否则就会危及企业的正常发展。比如过度追求效率，而控制基础薄弱，可能会导致企业因失控而崩盘；相反，过度追求控制，而效率严重不足，则会让企业在竞争中处于劣势，有可能会被淘汰出局。

一家知名的餐饮连锁企业，在2006年有16家连锁店，当时制定的目标是在3年内扩张到100家店，从此企业进入了发展快车道。但是，在开到第25家店的时候，问题开始暴露出来。各家分店的管理非常混乱，店长的管理风格不同,管理方法不一。于是,有的店长任人唯亲,当起了"土皇帝"；有的分店的员工犯了严重错误被辞退，竟然能到另一家分店应聘入职。老板发现这个乱象之后，不得不把扩张的速度降下来，先解决管控问题，否则企业扩张得越快，崩盘的风险就越大。

为此，总部系统地设计了管控机制。例如：为了解决店长任人唯亲，随意提拔管理人员的问题，总部设计了店内管理人员晋升流程。尽管总部把店内人员晋升的权利下放给了店长，但是店长必须按照流程去操作。

流程规定：晋升一个主管，首先要提报晋升申请，明确晋升理由和业绩依据；然后召开部门经理会议，每一个部门经理都要提出明确的意见和理由；会议有表决规则，未获半数支持的不予通过；会议纪要要求参会人员全体签字；晋升申请和会议纪要作为重要的人事档案存档，以备后查。这个流程大大增加了店长任人唯亲的难度，当然同时也降低了管理效率，但这是必须付出的代价，因为如果没有这些管控流程，企业的整体扩张战略就不可能实现。

总之，组织就是要在效率和控制之间找平衡点，如果平衡点是在红线边界之内，就属于可接受的范围；如果平衡点触及或突破了红线，则会对企业发展造成影响，企业此时必须做出调整，使平衡点回归到红线边界之内。

4.化解公司政治

公司政治是一个敏感的话题，在管理实践中，如影随形，无法回避。

什么是公司政治呢？不是由组织正式角色和制度规则所要求的，但又影响或试图影响组织中利害分配的行为，都可以称为公司政治。如果按照这个标尺去衡量，一个企业的制度与流程越不完善，公司政治就越泛滥，尤其是管控机制方面的制度薄弱，导致的后果更严重。

企业的资源是有限的，如果企业没有明确的规则，使得各部门分配到合理的资源，就会促使管理者通过政治行为去争夺，包括拉帮结派、消极怠工、推卸责任、阴谋破坏、搞背后揭发等。无论是哪种行为，其目的都是扩大自身或小团体的影响力，以便在组织中提高话语权，争夺和占有更多的资源。

影响力要有附着物，这种附着物要在组织中满足三个条件：无可替代、稀缺和重要。一旦掌控了这样的附着物，管理者就可以像滚雪球一样扩大自己的团体，形成一股力量去影响组织的决策和运行。前文中提到的河南那家上市企业，海外事业部的孙总就是掌控了附着物，控制了企业在海外市场的所有客户资源，并以此为筹码向企业争取各种利益，然后收买人心，把海外事业部变成自己的独立王国，从而形成了尾大不掉的格局。如果任由这种格局发展下去，一旦海外事业部形成利益暗流，当事者开始侵蚀企业利益，形成腐败黑洞，再破除这样的小团体将难上加难。因为这些小团体知道，一旦被攻破，他们的腐败行为就会暴露，轻则退还赃款，重则触犯法律，所以他们会互相串通，拼死相救，这给组织管控带来非常大的难题。

公司政治能彻底根除吗

既然公司政治的危害这么大，那么有没有可能彻底根除呢？这在理论上看是不可能的，原因有三个：一是因为企业的资源一定是稀缺的，没有哪家企业认为自己的资源是过剩的，除非它的战略出了问题；二是因为企业里的各级管理者和员工的目标是不可能完全一致的，为实现自己的目标去争夺资源是必然的事；三是企业里的评价体系不可能百分之百客观与明确。单看第三点，就拿绩效考评来说，得60分和90分容易区分好坏，得80分和81分有多大区别呢？这里就存在模糊地带，为政治行为留出空间。公司政治虽然不能被彻底根除，但可以尽量降低其施展的空间，这就需要企业建立完善的管控机制。

企业面临的难题在于：管控机制不是在一张白纸上进行设计，而是在已经被涂鸦的纸上去勾勒出一幅赏心悦目的画。国内一家生产发动机的知名企业，在组织变革中就遇到了这样的难题。这家企业的成功得益于当时提出的服务战略。按照"专业的人做专业的事"的原则,企业营销体系中分了两条线:一条线是各类产品的销售线;另一条线是面向各区域管理维修站的服务线。随着竞争对手也相继推出服务战略,该企业的先发优势逐步消失。为了构建新的竞争优势,企业决定按照区域进行属地管理,提高客户需求的响应速度,从而提高客户满意度。具体方案就是设置区域服务平台,由所属区域的销售负责人担任区域平台的负责人,所属区域的服务线也纳入区域平台管理。

这个方案提出之后,遭到了服务线上各区域办事处主任的强烈反对。为什么呢?原来他们负责管理各维修站时,为维修站提供配件、结算工时费等,长年累月,私下得了不少好处。如果按照这个方案进行调整,维修站就要划归区域平台负责人管理,自己再也得不到好处了;而且这样一调整,可能会把之前的问题给暴露出来。所以,他们极力反对,并到企业总部集结请愿。老板要求管理层拿出稳妥的处理方案。

管理层商讨再三,拿出了一套方案,核心的两点是:一、请办事处主任放心,企业对历史问题一律不查;二、让办事处主任内部创业,在原来所属区域开辟汽车后市场。各地办事处主任也看到了汽车后市场的广阔前景,再加上没有后顾之忧,最后接受了这套方案。这家企业的组织变革才得以最终实现。

公司政治就好像人体上的毒瘤,如何治疗呢?西医的做法是通过手术直接切除,而中医的做法是通过调理进行化解。这两种方法哪种更好,一直争论不休。对待公司政治也是如此,西医思维就是把关键人或小团体直接调离岗位或辞退,中医思维就是通过疏导,让关键人或小团体对组织无害。两种方法没有明确的对错标准,需要企业家根据当时的情势做出抉择。

处理公司政治的具体方法

一是明升暗降：给关键人一个较高的职位，同时补充进新的管理者，代替关键人的管理岗位，隔断关键人与原来的直管团队之间的直接工作联系，使原来封闭的小团体得以打开缺口。

二是逐步分化：对于无法调整职位的关键人，可以逐步压缩他所管辖的职能范围，比如某企业的营销副总是上级某主管的亲戚，不好直接调整，但可以把销售和市场职能进行细分，由新成立的部门来承担部分职能，这样逐步分解他所管辖的职能。甚至他原来的部门名称都可以不变，但实际职能发生了转移，进而弱化他在整体管理中的影响。

三是关门开窗：《圣经》上说："当上帝关了这扇门，一定会为你打开另一扇窗。"前文中某发动机制造企业对办事处主任的安置，采用的就是这种方法。尽管办事处主任无法再得到原来的好处，但企业给了他们一次内部创业的机会，如果创业成功，他们所得到的回报和成就感比原来更大。多方权衡之下，办事处主任接受了组织的调整方案。

四是在增量中调整结构：一家企业将供、研、产、销分别设立成事业部，实行模拟市场化的运作机制，但生产事业部在承接订单的时候，凭借着自己在企业中无可替代、别无选择的地位，总是挑肥拣瘦，让销售事业部非常苦恼，老板从中协调也效果不佳。后来，这家企业相继又成立了三个生产事业部，各生产事业部之间内部竞争，这种挑肥拣瘦的问题才得以解决。

五是重塑价值：出现管控问题，往往是对方不需要你，或需要的程度很低，所以管控方就要重塑价值。前文中某旅游企业总部通过集中采购的举措重新确立了总部对各分支机构的价值，进而强化了总部的管控力度。

六是造新平台：一家生产车载导航仪的企业，产品卖得非常火，但老板看到产业趋势在发生变化，智能手机已经具备了导航功能，并且导航的精度越来越高，因此产品销量增长的势头在减弱，于是他提出来要将产品转移到其他产业应用领域，比如海洋、林业等。但几个副总不同意这样冒险，认为老板太折腾，而老板又很难说服他们，于是新的战略就一直无法推进。后来，老板痛下决心，提出"老人做老事，新人做新事"，他重新选择了一个管理团队进入产业应用领域，而原来的管理团队继续管理车载导航业务。

七是壮士断臂：这是最悲壮的选择，断臂就要流血，对个人和企业都是一种伤害，但如果管控问题无法化解，企业也只能采取这种极端的做法，把企业里的毒瘤通过手术的方式切割掉，然后再逐步恢复元气。

任何企业或多或少都存在公司政治行为，甚至已经形成了难题。在搭建"三机一透"的过程中，往往要先消除公司政治的影响，这样管控机制才能真正得以确立和发挥作用。

逻辑复盘：三角模式的精要

三角模式是指企业突破组织拐点的三个思维角度：一是业务的承载量，组织方式的选择要满足企业规模扩张的需求；二是战略导向，组织结构的安排和职能建设要为战略实施提供保障；三是管控机制，在承载规模和保障战略的基础上，不能给组织带来风险，必须搭建组织化的管控机制。满足三个思维角度的组织方式，一定能帮助企业突破当前的组织拐点，助推企业发展进入新的阶段。

三角模式的实施关键是有明确的企业战略。组织结构不同，意味着企业在职能建设上的重点不同，也意味着企业资源的投放聚焦点不同。如果企业战略不清晰，组织就失去了方向和灵魂，就无法判断它的合理性和有效性。

三角模式的实施难点之一是对不同组织方式的本质理解。企业管理者经常被五花八门的组织概念所迷惑。如果能够真正理解组织方式的本质区别，就会认识到组织方式万变不离其宗。难点之二是组织化的管控机制，企业管理者必须理解组织管控的内在机理，走出人治的舒适区和误区，走向法治的道路。

三角模式的操作，遵循六个步骤：

第一，根据企业当前业务规模及业务成长规划，选择支撑下一步发展的组织方式。

第二，对企业战略进行澄清，尤其是明确核心竞争力和战略实施路径上的攻关任务，并设置独立的部门提供组织保障。

第三，设计组织化的管控机制，在"三机一透"上做出明确的部门设置，以及相应的流程设计和授权。

第四，将从三角模式出发设计的理想组织结构与组织现状进行对比，识别组织调整的关键障碍点。

第五，基于关键障碍点，制定针对性的解决策略和组织调整分步实施的方案。

第六，对新组织方式的运行进行定期回顾、纠偏和完善。

第四章　突破人才拐点：漏斗模式

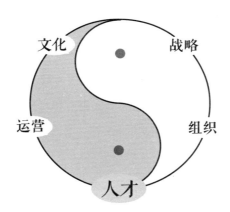

场景导入：万科是如何实现人才升级的

万科成立于1984年，并于1988年进入房地产行业，此后经过近三十年的发展成为行业标杆。万科的每一轮业务扩张，都经历着人才断层的阵痛和挑战，最终都是以不同的策略实现人才升级，得以进入新的发展阶段。

1999年之前，万科作为深圳的一家区域性的房地产开发公司，生存和赢利是唯一目标。在人才的选聘上，企业遵循"急功近利"的原则，即只招来了就能投入工作的熟手，因为公司没有能力和时间去培养职场新人。万科为了挖到有经验的高端人才，针对中海地产内部因改革造成的人员波动，专门制定了"海盗计划"，短期内引进了五六十位高管人才。据说，后来万科20多个一线公司的第一负责人有三分之一是通过"海盗计划"引入的。

从2000年开始，万科完成了初期的资本和经验的积累，开始实施全国扩张战略，人才短缺由此成为突出矛盾，仅靠招聘熟手无法满足需求，企业必须自己培养人才。此外，异地公司管控难度加大，必须向异地公司输入"子弟兵"，才能够保持统一的企业文化。于是，万科提出了"新动力计划"，从高校招聘优秀毕业生，进行统一的集训，在"白纸"般的学生头脑中,注入万科的企业文化,然后像蒲公英一样,将他们散播到全国各地。这种人才计划既解决了人才梯队问题,又有助于异地管控,有力地支撑了万科的全国扩张战略。

迅速扩张的万科,虽然有了成熟的职业经理团队和完善的人才梯队做支撑,但随着2007年千亿目标的实现,万科在思考着"怎么凭着想象去管理1000亿规模的企业"。王石认为,1000亿市值的万科将是一家国际化的大公司,但行业内根本没有这样的公司,公司人才基本没有经过国际化历练。在这种背景之下,万科的"007计划"诞生,与"海盗计划"不同的是,"007计划"对于人才的诉求不再局限于行业内,而是从社会各行各业中挖精英,并且要找具有国际视野的人。

2010年,随着王石时代向郁亮时代的更迭,万科开始了更高速的扩张:一方面,万科进入了很多新城市,因此出现了大量人才缺口;另一方面,一些比较成熟的子公司,由于新业务发展的需要,也有大量人才缺口。于是,万科启动了"千里马计划",实施了有史以来规模最大的一次招聘计划,范围涉及36个城市,所需人才高达600余名,职位覆盖公司管理层、经理层和专业人才,专业领域涵盖工程、设计、营销、成本、采购、物业管理、综合管理等。

此后,万科每年的大型招聘形成了稳定的模式:上半年实施"千里马计划",主要招聘一些有经验的管理人才或者专业人才;下半年实施"新动力计划",面对的是应届毕业生。"千里马计划"和"新动力计划"成为支撑万科业务扩张的两个车轮。

万科的战略历程和相应的人才升级路径,说明能力断层是制约企业进入新发展阶段的关键因素,也同时为我们提供了企业填补能力断层的鲜活经验。但这只是我们由外及内的直接观察而已，针对一家具体的企业，解决能力断层问题远远没有这么简单。我们需要深刻地思考：企业是否真正遇到了能力断层？如何识别是哪些人才形成断层？企业如何挖掘人才潜力？用什么样的策略和步骤解决能力断层问题？

德鲁克说："所谓现代管理事实上就是人力资源管理。"企业家柳传志也曾提出著名的三段论："搭班子、定战略、带队伍。"他把搭班子放在了定战略之前。由此可见，无论是学者还是企业家，对人在企业中的重要性的认知是一致的。

企业的战略模式和组织方式，都是一种基于理性的思考和设计，如果没有匹配的人才做支撑，再好的战略也只能是一种假想；如果不能激发人才的热情，再好的组织也难以释放能量。

"人"作为企业的主体参与者，是组织运行的一个窗口，很多深层次的问题都是通过"人"表现出来的。比如员工离职，有可能是员工对薪酬不满意，也可能是对工作氛围不满意，也可能是对职责分工、授权不满意，也可能是对公司前景不认同等。员工的离职行为只是一个结果表征，而内在的原因是什么，企业必须找到，否则仅停留在"人"的层面去寻找解决方案，是无济于事的。

我们需要辨别真伪，找到本源问题，只有发现那些真正的人力资源问题，才能让我们判定企业遇到了人才拐点，才能够用人力资源管理的专业手段去解决。

如何突破人才拐点？我们认为企业必须按照一个问题漏斗的逻辑，依次回答，这样才能真正解决人才问题。

一、是否充分挖掘战略潜力

当企业在忍受人才问题的切肤之痛时，需先挖掘自身的战略潜力，即确认企业的战略模式是否清晰、有效，是否可以调整战略模式，降低对人才的要求。不同的战略模式，对人才的要求有天壤之别。

国外某知名化妆品企业在进入中国某区域市场时，组建了一支销售团队，招来的销售员都是以前做国内化妆品品牌的，对当地的代理商也比较熟悉。企业要求销售员召集一些代理商来参加公司的产品推介会，销售员很是为难。因为他们以前做国内品牌的时候，都是求着代理商办事的：见代理商要登门拜访；为了让代理商进点儿货，还要请他们吃饭、喝酒，他们玩高兴了才能把事儿办成。企业了解到这种情况之后，让销售员暂停接触代理商，然后对这个区域进行封闭式的市场推广。首先，在地方电视台做广告，高密度轮番播放；其次，招募兼职人员，持续进行大规模的试用装街头派送，并且不允许其他区域市场的代理商向此区域窜货。

大力度的推广很快就得到了反馈：消费者在家看电视的时候，天天能看到广告；出门的时候，大街上就有人派送此品牌的试用装。试用了一下感觉非常好，就有人跑到商场去买，但每个商场都没有这个产品。商场的招商人员就找代理商，打听有没有人代理这个品牌。代理商就四处找熟人，主动联系企业的销售员。情势一下子得到了反转，以前是销售员求代理商，而现在是代理商求销售员。市场推广两个月之后，见时机成熟，企业便要求销售员召集代理商来开会，开始放货，被通知的代理商像中了六合彩一样，迫不及待地来参加会议，而且争先恐后地进货。

国内的化妆品企业靠销售员的公关能力向代理商推货，而这家化妆品企业靠市场推广的力量吸引代理商来进货。一个是"推",一个是"吸",不同的打法,对销售员的要求完全不同。"推"的方式要求销售员具备高超的公关能力,"吸"的方式对销售员的要求就低很多。一个没有经验的人,只要对他进行适当的业务培训,就能够胜任这项工作。

有一段时间,房地产行业进入了低迷期,房地产经纪业务也面临着巨大的压力和挑战。但是有一家靠模式制胜的房地产经纪企业,在行业低迷期仍保持着超强的竞争力。这家企业是怎么做的呢?

这家企业认为,靠一个业务员把房子卖出去,是非常困难的,对业务员能力的要求也非常高,不可能要求所有的业务员都具备这样的能力。于是,企业将销售的流程进行解构,依靠角色分工、现场配合完成销售。

第一个环节是"抓客"。企业大量招募从外地农村到城市来打工,又找不到满意工作的年轻人,这些人被称为"马路天使"。他们拿着楼盘的宣传页,在马路上发广告,或者到别的售楼处附近去拦截客户。他们的任务就是把有买房意向的人带到售楼处。

第二个环节是抓信息。"马路天使"把客户带到售楼处,转交给销售秘书进行接待。销售秘书与客户聊天,用最自然的方式,在最短时间内把客户的基本情况摸清楚,包括客户的职业、收入、家庭成员和房产情况等。

第三个环节是讲产品。销售秘书了解到客户的基本信息后,把客户转交给销售顾问。销售顾问把楼盘的亮点一一介绍给客户,讲解时间不能低于45分钟;如果不到45分钟客户就走了,销售顾问会被罚款。

第四个环节是造氛围。这个环节从客户一进售楼处就开始了。如果客户较少,闲着的销售顾问会扮演成客户,分桌而坐,热烈交谈,营造销售火爆的场面。当销售顾问给客户讲解完楼盘后,会给客户推荐几个户型和畅销的房号。然后，销售顾问询问销售秘书这些房号的销售情况，销售秘书则告诉销售顾问这几个房号已经卖光了，给在一旁的客户营造紧张气氛。

第五个环节是"逼定"。火爆的销售场景和迅速卖光的房号，让客户觉得机不可失，失不再来。于是，在销售顾问的引导下，客户缴纳了定金，这就完成了销售的关键一步。一般来说，客户缴纳定金后，最终成交的概率就非常高了。

第六个环节是签约缴款。客户缴纳定金后，再约定时间来签约和缴纳房款。在最后缴纳房款的时候，由于支出金额较大，客户仍有改变主意的可能性，所以在最后这个关键时刻，现场配合就更加重要。销售顾问和客户就签约缴款做最后沟通的时候，会特意设计两个场景：销售顾问特意抱一堆现金从洽谈桌旁经过，走到桌前会假装脚下一滑，现金散落一地；售楼处一角的点钞机，不停地点钞，旁边捆钞票的纸条都堆成了小山。这些场景会给客户足够的心理暗示：那么多人都抢着交钱，自己买个房还犹豫什么？受到这个心理暗示的影响，客户签约缴款之前的紧张感会得到极大的缓解，于是顺利成交。

这家企业把卖房子这样一个需要销售高手才能完成的事，分解成一个个连续的、简单的动作。普通的业务员经过基本的训练之后，就能够互相配合，完成销售。当然，这家企业的销售手法游走在商业道德的边缘，有值得商榷的地方，但这是另外的话题，我们不在此讨论。

这两个案例都表明战略模式的不同，对人的要求也不同。企业在解决人才问题之前，要去审视自己的战略模式是否清晰、有效，是否有改进的空间，然后再研究人的问题。

二、是否充分释放组织的结构效率

组织本身就是一种对人的表达，是从战略的需要和管理的规律出发，对人进行的布局和铺排，以期通过合理的结构安排来释放人才的能量。

但是，很多企业对组织并不重视，以为招募到了人才，就能做出业绩。他们不知道的是，如果组织方式不得当，人才之间的能力就不是互相加强，而是互相抵消。好的组织方式，能够降低对人的要求，使能力断层的问题不再那样难以逾越。

多数企业的组织方式与制度安排并不明确，部门经常出现分工交叉或空白的现象，流程、分权、职位和职责等模糊不清，很多工作的推进只能靠个人的协调能力。越是规则不明确的组织，在招募人才上越倾向于找个人能力强的。因为只有这样的人，才有可能在这样的组织状态里生存。结果是能人引进来，就更容易破坏规则。于是，组织陷入了一个不靠规则，只靠能人，又难以找到能人的怪圈。

规则不明确导致能人倾向，而规则不合理也会导致能人倾向。如果规则本身是有问题的，那么企业家希望招募的人才能在不合理的规则下，做出好的业绩，这就有点儿强人所难。招募的人才，要么在不合理的规则面前无计可施，要么打破既定规则。显然只有能人，才能够在组织中生存下来。

由此可见，在传统产业环境中，企业家与管理团队之间的能力断层，是可以通过明确且合理的组织规则来缓解的。

在移动互联网时代，产业环境瞬息万变，对企业家把握规律、预测未来也带来了挑战。有人提出"正面的短视"的理念，说在移动互联网时代前行，迷雾重重，能见度很低，企业家只能判断大致方向。企业家能做的就是遇到什么障碍，就想办法解决或绕开这个障碍。至于障碍后面还有哪些坑，只有解决了当前的障碍才能知道，所以做细致的、严密的长期计划意义不大。

除了障碍之外，前面可能会有好多条路，哪条路才能通往未来呢？为了不错过机会，有实力的企业往往在每条路上都下赌注，一旦赌对了，就会迎来下一个风口。腾讯在PC（个人电脑）时代，利用QQ站在了社交网络的风口，而移动互联网时代，如何才能找到下一个风口呢？马化腾也无法预知。于是，腾讯成立了三个团队，同时开发移动互联网的社交产品。每个团队的设计理念和实现方式都不一样，最后微信获得了成功，为腾讯赢得了未来。

在这样不确定的产业环境中，靠企业家个人的洞察力，很难避免失误，必须依靠团队的力量才能少走弯路，所以人才变得更加重要。有的科技企业的战略就落脚在人才上。它们认为，既然未来无法预知，那就把这个领域里最顶尖的人才都吸纳到企业中来，这样企业成功的可能性就非常大。退一步讲，即使企业不能在这个领域里取得突破，其他企业也不可能成功。

企业家与管理团队一样，都处于"正面的短视"状态，能力断层就不再那么明显。况且，生态型组织是一种开放的组织方式，无边界和去中心化是其趋势特征，强调每一个组织节点上的个体的主动性和创造性，没有行业"大咖"来充当专业权威，使其更具有创新力。

在移动互联网时代，尽管人才非常重要，但由于"正面的短视"的业务特征和开放的组织方式，能力断层问题也能够得到有效的缓解。

绝大多数企业的产业环境，处于传统产业和新兴产业之间；它们的组织方式也处在直线职能制组织和生态型组织之间的某种状态，在遇到人才拐点时，企业可以通过调整组织方式，使组织降低对人的要求以及招募人的难度。

战略、组织与人，是三个互相影响的变量。当人才出现问题时，企业通过调整战略变量或组织变量，可能就把问题解决了。当然，调整人的变量，也可以反作用到战略变量和组织变量上来。柳传志提出的"搭班子、定战略、带队伍"，就是人的变量作用到战略变量上的例证。

如果去除战略模式不清晰、不合理带来的影响，再去除组织方式不明确、不合理带来的影响，人才还会存在多大的断层呢？如果是战略模式和组织方式带来的假象，则企业必须先从战略模式和组织方式上入手，逐一抽丝剥茧。这两个方面的问题不解决，单从人的角度去寻找解决方案，可能使问题无解或者付出巨大的代价。

三、员工是否在做正确的事

在判定员工是否真的存在能力断层之前，除了需要挖掘战略潜力、释放结构效率，还要保证员工做正确的事。很多忙而无果的现象，就是由于员工没有做正确的事，而仅仅是正确地做事造成的。表现在最终结果上，就是完不成预期目标，被企业家误认为是员工存在能力断层。

1.如何保障员工做正确的事

18世纪末，英国有些"流民"以极端方式报复社会。为了惩罚这些犯人，英国政府决定把他们发配到澳大利亚去。从英国到澳大利亚有两万余公里，政府无法亲自运送，便把运送这些犯人的工作"外包"给私人船主。

刚开始，英国政府在船只离岸前，按上船的犯人人数支付船主运送费用，船长则负责运送途中犯人的日常生活，负责把犯人安全运送到澳大利亚。船主为了牟取暴利，尽可能地多装人，致使船舱拥挤不堪，空气浑浊。有些船主为了降低费用，故意断水断食，虐待犯人。

后来英国政府发现，这些犯人在船上的平均死亡率高达12%。有一艘船运送424个犯人，中途死亡158个，死亡率高达37%！英国政府决定向每艘船只派一个政府官员，以监督船主，并对犯人在船上的生活标准做了硬性规定，甚至还给每艘船只配备了一个医生。但是情况并没有好转，官员和医生有两种下场：一种是被贿赂后与船主同流合污，另一种就是被船主扔到了海里。

英国政府还采取了道德教育的办法。他们把私人船主集中起来进行培训，教育他们不要把金钱看得比生命还重要，要珍惜人的生命，但问题仍没有得到解决。

后来，英国政府想到了一个简单的办法。他们不再派监督官员随行，不再配医配药，也不在船只离岸前支付运费，而是按照犯人到达澳大利亚的数量和体质情况支付费用。这样一来，那些私人船主为了能够拿到足额的运费，必须在途中细心照料每个犯人，不让犯人的体重少于出发前，甚至主动请医生跟船，保障犯人的健康。自从实行"到岸计数付费"的办法以后，犯人的死亡率降到了1%以下，有的船只甚至创造了零死亡纪录。

这个故事告诉我们，一个指标的变化，会引起一个系统的变化。一开始按照上船人数来考核，即使在管理上做出再多的努力，也达不到预期效果，而改为按照到岸人数来考核之后，船主的行为自发地就产生了变化。

企业管理中流行一句话：员工只做你考核的，不做你期望的。保障员工做正确的事，就变成了管理者如何设计考核指标的问题。

2.考核方法的本质对比

严格来说,考核是一个很窄的概念,它是绩效管理流程中的一个环节,但在日常管理中,大家习惯于用考核来泛指绩效管理。

顾名思义,考核就是要评价企业或员工做得好不好。按照从整体到局部、从财务到业务、从传统到创新的逻辑,我们依次剖析杜邦分析法、EVA、KPI、BSC、OKR等考核方法,重点在于比较它们的异同。如图4-1所示。

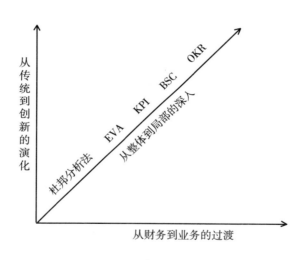

图4-1　5种考核方法的异同

杜邦分析方法

较早用于评价一家企业整体经营情况的是杜邦分析法。它利用几种主要的财务比率之间的关系来综合分析企业的财务状况。其基本思想是将企业净资产收益率逐级分解为多项财务比率乘积,这样有助于深入分析企业经营业绩。由于这种分析方法最早由美国杜邦公司使用,故名杜邦分析法。净资产收益率是整个分析系统的起点和核心,该指标的高低反映了投资者的净资产获利能力的大小。净资产收益率是由销售报酬率、总资产周转率和权益乘数决定的，分别代表了企业的赢利能力、运营能力和偿债能力。

这三大指标就像人的血压、血糖和血脂这三大健康指标一样，代表着企业运营的健康程度。但是，一个健康的人是否就对社会有贡献呢？不一定！一个强盗的身体可能很健康，却做着危害社会的事。同理，通过杜邦分析法评价的良性企业，是否就对社会有贡献呢？也不一定，做违法生意也可能使企业的财务状况显得非常"健康"。

所以，杜邦分析法只是一种从财务角度进行的考核评价模式，财务指标仅仅是企业运营结果的量化体现，并不涉及运营本身。

EVA 考核方法

EVA 全称是经济增加值（Economic Value Added），指企业的税后净营运利润减去包括股权和债务的全部投入资本的机会成本后的所得。该模式认为，企业在评价其经营状况时通常采用的会计利润指标存在缺陷，难以正确反映企业的真实经营状况，因为忽视了股东资本投入的机会成本，企业赢利只有高于其资本成本（含股权成本和债务成本）时才为股东创造价值，EVA 高的企业才是真正的好企业。从 2010 年开始，国务院国有资产监督管理委员会（国资委）开始在所属企业推行经济增加值考核。按照国资委要求，非主营业务收益要剔除，这使得企业不再有兴趣投入股市、楼市，并且在做出一项投资决策之前，要评估 EVA 指标，这样就提高了投资战略的有效性。

可以看到，杜邦分析法并不涉及企业运营的业务，而 EVA 已经开始对企业的投资战略施加影响，所以相比 EVA 考核，杜邦分析法对企业的评价更加深入。如果把企业比作人，杜邦分析法评价的是人的健康状况，并不评价人的行为，而EVA指标不仅评价人的健康状况，还评价了人的职业方向是否得当。

EVA考核仍然属于对企业整体的评价，并没有涉及员工层面，那么如何评价员工的行为是否正确呢？

KPI考核方法

KPI考核是企业里最常见的一种考核模式，全称是关键业绩指标（Key Performance Indicator）。它以企业的战略目标为起点，按照因果关系对指标进行层层分解，再在各级指标中进行敏感度分析，找出最关键的驱动要素，形成企业的关键业绩指标。KPI遵从一个重要的管理原理——"二八原理"，即80%的绩效是由20%的关键行为完成的。因此，必须抓住20%的关键行为，对之进行分析和衡量，这样就能抓住业绩评价的重心。如图4-2所示。

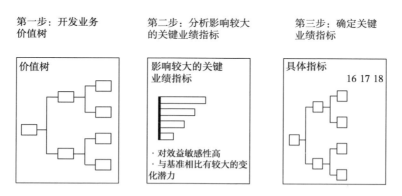

图4-2 KPI提取的基本逻辑

KPI已经涉及了企业运营过程中的关键行为，比EVA对投资战略的影响更加深入。仍将企业比作人，EVA 考核人的职业方向是否得当，而 KPI 考核人在既定的职业方向之下，应该做哪些关键行为。比如 EVA 考核人是该成为歌星还是成为体育明星。如果职业方向选择的是体育明星，那么 KPI 就考核人成为体育明星的关键行为，比如每天的锻炼项目、锻炼时长和饮食结构等。

对于想成为体育明星的人，他跟随的教练不同，训练的要求就不一样，也就是说关键行为的选择是不一样的。企业里也经常出现这种情况。同一家企业，企业家和其他管理者如果分别单独设计企业的 KPI，结果通常是不同的，甚至出现很大的差异。这是由于每个人对企业的理解不同、基于的历史经验不同、掌握的信息不同等原因造成的。所以，KPI 的逻辑尽管简单，但在企业应用中会出现很多偏差，导致效果不佳。

在 KPI 的应用中，还存在一种倾向：对一个指标的过度追求，导致对企业的健康运营造成伤害。比如考核销售增长率，可能会导致销售人员采取各种短期行为，以低价、回扣、以次充好、过度促销甚至欺诈等手段引导客户进货，短期来看业绩达到了，销售人员拿到了奖金，但长期来看对企业是不利的。

平衡计分卡方法

BSC 成为继 KPI 之后更为流行的考核模式，它的全称是平衡计分卡（Balanced Score Card），由美国两位学者罗伯特·卡普兰和戴维·诺顿共同提出。这种考核模式被誉为"过去 75 年来最有影响力的管理工具"，已经被翻译成 23 种语言在世界范围内推广。全球财富 1000 强中超过 55% 的企业和很多政府组织都实施了平衡计分卡。

| 拐对了，你就赢了 |

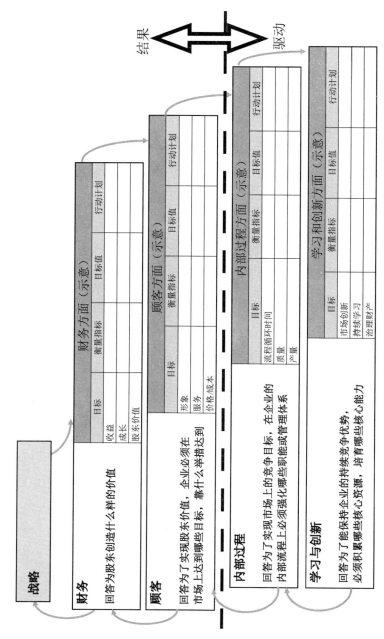

图4-3 BSC四个方面的逻辑图

BSC围绕企业的战略目标，从财务、顾客、内部过程、学习与创新这四个方面对企业进行全面的考核评价（见图 4-3）。在使用时对每一个方面建立相应的目标以及衡量该目标是否实现的指标。

在财务方面，要回答下面的问题：为股东创造什么样的价值？哪些关键指标影响着股东价值的实现。这类指标包括净资产收益率、销售额、利润额、增长率和资产利用率等。

在顾客方面，要回答下面的问题：为了实现股东的价值，企业必须在市场上达到哪些目标？靠什么举措达到目标？这类指标包括市场占有率、新客户增长率、送货准时率、顾客满意度和产品退货率等。

在内部过程方面，要回答下面的问题：为了实现市场上的竞争目标，在企业的内部流程上必须强化哪些职能或管理体系？比如，市场竞争要素是成本，内部就要强化成本控制流程；市场竞争要素是品质，企业内部就要强化品质控制流程。这类指标包括生产率、生产周期、成本、合格品率、新品开发速度和出勤率等。

在学习和创新方面，要回答下面的问题：为了能保持企业的持续竞争优势，必须积累哪些核心资源，培育哪些核心能力？在市场环境中，具有竞争优势是不够的，企业必须将这种优势保持下去，这就需要不断地创新、改进和优化。只有通过不断为顾客创造新的价值、不断改进运行效率，企业才能够持续成功。

BSC 中四个层面的各项考核指标并不是孤立存在的，它们之间有驱动关系，并构成了四类平衡：财务和非财务，内部和外部，驱动和结果，长期和短期，平衡计分卡的名字也由此而来。

BSC 的内在逻辑比 KPI 更加系统，弥补了 KPI 在应用上的两大弊端：一是在设计 KPI 时，由于管理人员的不同，导致 KPI 的认知差异较大，而 BSC 通过四个方面的层层解构，使管理人员更容易达成一致；二是 KPI 过度牵引导致出现短期行为和发展失衡，而 BSC 使企业的指标牵引能够达到四种平衡。所以，BSC 是一种比 KPI 更完善、更成体系的考核模式。

在企业的实际应用中，杜邦分析法已经不再作为主流的绩效考核模式；EVA 适用于产业投资型企业对所属产业的整体业绩考核；KPI 适用于处于快速成长阶段的企业的员工业绩考核；BSC 适用于处于稳定发展阶段的企业的员工业绩考核。

KPI 和 BSC 的应用都基于一个前提，即企业必须有清晰的战略，战略必须有清晰的落地路径，落地路径必须按计划推进，不能随意调整。但是，在当前日益复杂多变的产业环境中，企业只能保持一个明确的战略方向，且落地路径只能边走边看，长期计划失去了意义，随时都可能做出调整。在没有明确的、长期的预设目标的前提下，就无法在运营的过程中对员工开展 KPI 或 BSC 考核。

OKR 考核方法

为了解决这个问题，一些科技创新企业做了很多探索，提出了 OKR 考核模式。OKR 的全称是目标与关键成果法（Objectives and Key Results）。它是一套定义和跟踪目标及其完成情况的绩效管理方法，于 1999 年由英特尔公司提出，后来被推广到甲骨文、谷歌、领英等高科技公司。现在 OKR 考核模式广泛应用于 IT、风险投资、游戏、创意等以项目为主要经营单位的企业。

OKR 的核心思想，就是认为在科技创新的领域，没有人能够确切知道下一步应该如何走，只能先提出一个目标进行尝试；一旦走不通，就需要改变路径，甚至改变原来的目标。它鼓励上下级之间共同确立目标，然后大胆试错，既要有目标的挑战性，又要有路径的灵活性，以此来保持企业的创新能力。所以，在做评分时，并非分数越高越好。如果满分100分，最好的分数是60~70分。因为100分意味着确立的目标不具有挑战性；而得分太低，则有可能这个目标和相应的路径不具有可行性，需要调整。在OKR考核模式中，分数并不重要，它仅仅发挥目标和路径的引导作用，能否在同行内保持领先或创造突破性优势，才是更重要的。

显然，OKR与KPI和BSC都不同，它是一种更适合创新型企业对未知领域进行探索的绩效考核方式。

可见，每种考核模式都有自己的适用条件，并没有绝对的优劣。即使杜邦分析法不再作为主流的考核模式，但仍然在财务管理中发挥着重要的作用。无论是哪种考核模式，都是通过设计的指标来指引员工的工作行为，保证员工把每天的精力都投放在正确的事上面。

四、激励机制是否有效

人的潜能是巨大的，如果想让潜能转化成现实能力，需要通过良好的激励机制来触发。潜能可以转化为现实能力，现实能力也可能转化为"潜能"。同样的人有不同的能力展现，这主要取决于企业的激励机制。

1.拓展激励空间

衡量激励机制的一个显化指标是激励空间，它代表企业对激励资源开发利用的程度，也代表员工可能被激励的程度。激励空间越大，员工越会珍惜这个工作机会，越会努力工作，越能承受来自工作和管理者给予的压力；激励空间越小，员工越不在意这个工作机会，越缺乏工作主动性，管理者稍微施加压力，他就会选择离职。

激励空间是激励机制的基础，与很多激励要素以及它们的组合关系相关。激励要素基本上分为三类（见图4-4），分别是：与金钱直接相关的薪酬福利、与个人成长相关的职业发展、与个人理念相关的精神追求。每一类内部又由多个子要素构成。

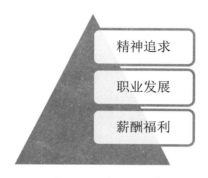

图4-4　三类激励要素

薪酬福利

现在流行一句话："只谈情怀不谈钱，就是耍流氓。"金钱是激励机制的基础要素，必须先谈清楚。

薪酬是一个狭义的概念，与金钱直接相关。薪酬按照兑现周期的长短和确定性的强弱，有按月（甚至按周、按天、按小时）发放的确定性的工资，有按季度、年度、项目或里程碑节点发放的变动性的奖金，也有跨年度的不确定性的股权激励。

福利是薪酬的补充，是员工在企业工作的保障，通常分为社会强制类和企业自主类。社会强制类是指国家政策要求的社会保险和住房公积金等；企业自主类又可以分为工作补贴类、生活类、学习成长类和家庭延伸类等。工作补贴类指交通补贴、通讯补贴和高温补贴等；生活类指健身、补充商业保险、旅游和体检等；学习成长类指培训、游学和读书卡等；家庭延伸类指为员工家属提供的开放日和覆盖家庭成员的商业险等。福利项目名目繁多，企业之间差异很大。

在薪酬范畴之内，不同的选择可以实现同样的激励空间。比如为了维持一定的激励空间，企业可以选择高工资、低奖金；也可以选择低工资、高奖金；可以选择高工资一步到位，也可以选择低工资起步，但涨薪速度快。

福利范畴之内，不同的组合也可以达到同样的激励空间。比如工作补贴类福利少，但学习成长类福利多；也可以选择生活类福利少，但家庭延伸类福利多。

薪酬和福利之间，也存在不同的组合关系，有的企业薪酬高，但福利很少，而有的企业薪酬低，但福利非常多，这都能达到同样的激励空间。

职业发展

员工除了关心薪酬福利之外，也关心自身的职业发展。员工对自身的职业规划如果能够与企业提供的职业发展机会相契合，就有可能长期在企业工作下去。既然有了长期打算，员工就会比以往更认真、努力地对待工作。如果员工的职业规划无法在企业里实现，那么员工就是企业的一个过客，一旦有更好的机会，就会选择离开。

员工在职业发展方面的需求分为三个方面。

一是职业晋升。员工是否可以通过个人的努力，得到职业级别上的晋升？这种晋升不仅仅带来薪酬福利方面的变化，更重要的是让员工在企业内部得到认可和尊重。这就要求企业必须打通职业发展的通道，明确各等级的标准以及晋升的规则，让职业发展有章可循。

二是职业安全。员工在企业工作是否有助于自身能力的持续提升？

这种提升是与人才市场的要求相比较的。也就是说,员工不一定选择离职,但如果真的离职的话,这段职业经历是否让他拥有足够的能力,在人才市场上能够获得更好的工作机会。如果能够获得这样的能力提升,员工就会有职业安全感;如果不能够获得这样的能力提升,员工会感觉到在企业工作是虚度光阴,且工作的时间越久,就越心虚。

三是职业转换。员工是否有机会在企业内选择自己喜欢的职位?如果在职业发展通道之间,有这样的转化机制,就会让员工的工作与自身兴趣相互匹配。兴趣驱动是激励员工的更持久的力量。比如企业可以在技术职业通道和管理职业通道之间设置转化机制,技术人员一般是在技术职业通道上晋升,从较低级别的技术员、工程师成长为高级工程师、专家。有的技术人员在从事一段技术工作之后,可能会对管理工作产生兴趣,此时他就可以按照技术级别和管理级别的对应关系,切换到管理职业发展通道上来,然后按照管理的级别进行晋升。有的企业为了给员工提供更多职业选择的机会,尽可能多地开通职业发展通道,让员工在企业内部有更大的自主发展空间,比如腾讯就为员工开通了 26 个职业发展通道。

精神追求

员工在精神层面的追求,是从自发到自觉地递进的。如图 4-5 所示。

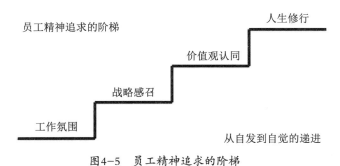

图 4-5 员工精神追求的阶梯

自发的状态就是员工对企业工作氛围的直接感受，是喜欢还是不喜欢不一定有明确的理由，而仅仅是一种直觉。每个企业的工作氛围都不尽相同。

我到一家企业与他们的管理团队一起召开一次研讨会。到会客室之后，双方分宾主落座。老板在介绍他们的管理团队成员时，发现有一位副总没有在场，就询问负责这次活动联络的总裁办主任。主任说了没有通知他来的几个原因，结果被老板当众训斥了十来分钟，后来总裁办主任只好出去通知那位副总赶紧来参会。

研讨会结束之后，老板邀请我到他的办公室去坐一坐。办公室很宽敞，非常气派，特别之处在于办公室里分两个区域，一进门的一半区域，放着沙发、茶几和大鱼缸，另一半区域比第一半区域高出半米，要爬三个台阶才能上去，上面放着老板硕大的办公桌、老板椅以及书架墙。如果有人来汇报工作，就得上三个台阶才能与老板对话，否则就只能站在较低的区域仰视着与老板交流。还有一个特别之处是：在办公桌的斜上方屋顶上，悬挂着一排显示屏，老板坐在椅子上，一抬头正好能够看到。显示屏里是监控画面，办公区的每个角落都尽收眼底。尽管老板在我面前表现得特别谦恭，但企业里的工作氛围已经窥见一斑。之后，我又访谈了几个员工，大家都对这家企业的氛围感到不适。但由于地处一个三线城市，员工没有太多机会选择，因此就暂时栖身于此，等待好的机会离开。

与之对照，现在一些企业员工以年轻人为主的科技企业、创业企业的工作氛围就会让员工感觉愉悦很多。他们可以弹性上班，原则上是早来就可以早走，晚来就应该晚走，但也并不强制，只要你能完成工作任务，在家办公也可以。员工与管理者之间没有严格的等级界限，管理者和员工一样，在开放的职场里办公，随时可以交流，不拘任何小节。办公区提供咖啡、茶和可乐等各类饮料，加班时有行政人员给订餐。员工在宽松自由的环境中，没有上级的呵斥、迟到早退不会被惩罚、不会像犯人一样被监视，可以在工作中充分发挥自己的能力。

多数员工会喜欢宽松自由的工作氛围，也有的员工喜欢纪律严明的工作氛围，但极少有人喜欢被呵斥、被监视。无论哪种工作氛围，要想留住员工，激励员工发挥能力，就必须让员工喜欢。

比工作氛围的直接感受更深入一层的，是企业的战略感召。

员工找一份工作，挣钱是基础，但如果既能挣钱，又能让员工觉得做的是非常有意义、有前景的事，那就更好了。很多高端人才对金钱的渴求已不再强烈，他们更看重这份工作有没有意义，有没有发展前景。所以，一家企业的战略对人才的感召力就非常重要。

阿里巴巴创业初期，对员工薪酬从不按市场定价，几乎所有新进员工与管理者都比他在原公司的收入减少一大半，从 8000 元、9000 元降到 3000 元是常事。例如，雅虎搜索引擎的发明人吴炯跳槽到阿里巴巴后不仅工资降了一半，还失去了每年 7 位数的雅虎股权收入。香港 IT 高手 TONNY 想加盟，马云说："每月 500 元。"TONNY 说："这个钱连给加拿大的女朋友打电话都不够。"马云说"你这个人没劲，不是我要的同事"，就掉头走了。TONNY 在和阿里巴巴几个同事聊了聊后说："我还是在这儿干吧。"现任 CFO（首席财务官）蔡崇信是耶鲁大学经济与法学博士，曾任瑞典 AB 公司的副总裁。在一次业务访问后，他被阿里巴巴的战略感召而决定加盟，AB 公司也因此决定投资阿里巴巴。

阿里巴巴没有给员工提供高薪，但中国互联网产业中的一批又一批真正有理想、有激情、勇于献身的仁人志士就像奔赴延安一样奔向了阿里巴巴。一位长期跟踪阿里巴巴的资深人士说："多么奇怪！6年，2190天，这个正迅速扩张的团队仍超乎寻常地保持'亢奋'和'战斗欲'。"然而，令他想象不到的是，这个团队的绝大部分人，拿着国内同行业中下水平的工资（在杭州处于中等），却有着对职业少见的忠诚、幸福感和向心力。

卫哲从百安居中国区总裁跳槽成了阿里巴巴集团副总裁，他说："这恐怕是中国笑脸最多的一家公司，而且执行力超强，但我也不知道为什么。"

一位因遭受挫折而极度消沉、几欲自杀的女士来到阿里巴巴，三个月后状态焕然一新。尽管她3000元左右的薪水对大部分白领来说毫无吸引力，但她口气铿锵地说："请不要再和我提自杀这个愚蠢的话题，我正在给中国的电子商务做贡献。"

我们看到，阿里巴巴的战略对人才的感召力，甚至超越了薪酬福利这些基础待遇。

接着，比战略感召更深入人心的，是价值观认同。

员工在企业里工作久了，就一定会受到企业价值观的影响。员工是否愿意长期服务于这家企业，取决于是否认同该企业的价值观。每个员工都有价值观底线，如果企业的价值观与员工的价值观是针锋相对的，那么员工肯定会选择离开；如果价值观不同，但不冲突，则价值观是相容的，员工并不会因为价值观影响而选择去留；如果价值观完全相同，员工则会基于这种认同，更愿意选择长期工作下去。

比如有的企业宣扬诚信，但产品却以次充好，对客户投诉置若罔闻，还长期拖欠供应商的钱，在实际行为上根本不诚信。作为企业员工，如果对诚信看得很重，将它作为自己做人的底线和准则，那么就会对企业的这种行为难以容忍，那他就不会在企业里长期工作下去。有的企业在内部倡导简单工作，不允许同事之间、上下级之间请客吃饭，一起吃饭的话必须 AA 制，这样就把企业内部的关系尽量简化为工作关系。这种价值观对员工来讲，可能并不违背自己的底线，而且还会觉得挺好，企业和员工的价值观就是相容的状态。有的企业鼓励创新，鼓励极客精神，反对山寨文化和简单迭代，恰好员工也非常崇尚这种精神，喜欢挑战自己，那么企业与员工的价值观就高度一致，员工便会认为在这样的企业里能体现自身价值，他们就不会轻易选择离开。

最后，超越员工价值观认同层面的，是在人生意义上的不断修行和灵魂升华。稻盛和夫说："人生不是一场物质的盛宴，而是一次灵魂的修炼，使它在谢幕之时比开幕之初更为高尚。"有什么具体的方法可以培养人格和锻炼灵魂呢？是不是非得做一些特别的修行，例如到深山里闭关、以肉身抵挡从天倾泻而下的瀑布之类的事？没那回事儿。最重要的，就是在我们所处的尘世中每天努力、认真地去做事。工作场所就是修炼精神的最佳场所，工作本身就是一种修行。

在员工的精神追求层面，工作氛围只是最浅的自发层面，而战略感召、价值观认同甚至人生修行就逐步深化到了自觉层面。员工是否愿意努力地在企业长期工作，取决于这几个方面的吸引力有多强。为了达到同样的激励效果，它们之间也存在着不同的组合关系。企业不一定四个方面都让员工满意，只要有一个方面好，就能够对员工产生激励。当然，如果四个方面都好，那激励空间就更大了。

2.选准激励资源的投放点

仅拓展激励空间是不够的，我们必须把激励资源投放在对企业发展有战略价值的点上。

作用于企业关键成功要素

每个企业都有它的关键成功要素，激励机制应该指向和强化关键成功要素，让企业的战略支点不断得到巩固。

海底捞的业务做得风生水起，从四川一个县城走向全国，又从中国走向韩国、日本、新加坡、美国，成为跨国发展的餐饮集团。它的成功与激励资源的投放点直接相关。当年，海底捞的老板张勇在简阳开第一家火锅店的时候，就发现一个问题：他要是在店里，服务员就非常认真地对待顾客；他不在时，服务员就会怠慢顾客。如何才能让员工始终热情地对待顾客呢？他想了很多办法，包括让顾客为员工打分、评五星员工、发红包、设置专职督导员、神秘顾客检查等，但都是短时间有效，时间一长就又恢复常态。他下决心一定要解决这个问题，否则就不可能实现他企业扩张的梦想。

后来他想到，任何人对家人的爱都是最真挚的，如果能让员工对企业产生家的感觉，那么顾客就是到家里来做客的亲戚和朋友，员工作为家里的一员，就会真诚地招待客人。要想让员工对企业产生家的感觉，企业就必须像对待家人一样对待他们。于是，他就问自己："如果我自己的亲妹妹在一个餐馆打工，我希望她的工资高一些还是低一些呢？"显然越高越好。"我希望她住在餐馆提供的阴暗潮湿的地下室还是舒适明亮的公寓楼里呢？"显然是公寓楼。"我希望她在别人面前感觉到自己的工作很卑微吗？"显然不希望……

张勇把员工假设为家人，不断地向自己发问，不断地给出回答。他制定了一套激励政策：给员工同行业中位数以上的薪酬；让员工住在有空调、洗衣机等配置的公寓楼里；为员工聘用家政服务人员，提供打扫宿舍、洗衣服等家政服务。也许有人会问，为什么还要给服务员请家政服务呢？他们本身不就是提供最基础的劳务服务的吗？张勇就是想让员工明白一个道理：任何人的劳动都是一种分工，每一种职业都有自己的尊严。通过这种激励政策，那些在城市里很难找到一份好工作的员工很快被感动，把企业当成了自己的第二个家，把顾客当成了来家里做客的亲戚和朋友。

张勇授予员工很大的权力，允许他们根据顾客的满意程度，酌情打折甚至免单。在其他企业，员工如果有这么大的权力，多数会被滥用，而在海底捞，员工能以家人的心态，恰当地使用这些权力，谁也不会因为滥用而伤害"家"的利益。在工作中，员工如果发现值得改进的地方，都会积极主动地提出来，在海底捞有很多令顾客感动的服务细节都是这样产生的。当我们感叹海底捞服务的热情和细致的时候，背后的关键成功要素之一就是员工"以企为家"的心态塑造，而海底捞的激励资源投放让员工的这种心态不断得到强化，不断支撑着海底捞的发展。

每个企业的关键成功要素肯定不同，有的企业的关键成功要素是成本，有的是品质，有的是创新……无论是什么，企业的激励机制都应该是指向和强化它的关键成功要素的。

作用于企业用人与选人

激励机制就像一个筛子，只允许符合企业要求的人才进入到企业中或某一特定职位上，而不符合企业要求的，就会让他离开企业或某特定职位。

IBM在快速成长阶段，推行的激励机制是加快年轻工程师的职级晋升频次。年轻工程师每次晋升都带来薪酬的上涨，并且上涨幅度较大。一旦晋升到中层职级之后，他们晋升的频次就大大降低，涨薪的频次和幅度也大大降低。对于晋升到中层职级的员工，有两个选择：一是坚守岗位，接受晋升和涨薪频次降低的现实；二是选择离开，到其他企业去谋求更好的职位和薪酬。在人才市场上，他们往往是被挖的对象。IBM 为什么要推行这样的激励机制呢？这与它的选人策略有关。IBM 认为在科技创新型产业中，对企业创新能力起决定作用的不是成熟的工程师或管理者，而是掌握最新、最前沿技术的年轻人，他们才是企业保持创新的源泉。所以，加大对年轻工程师的激励频次，能够让他们小步快跑，保持高昂的战斗力和丰富的创造力。一旦他们进阶到了中层，就意味着他们创造力的鼎盛期已过。此时，IBM 就降低激励力度，挤压中层人员的上升空间，促进他们流动。中层人员的流动，为年轻人留出了职位空缺，于是就形成一个良性循环，保证不断有新鲜血液补充到组织中来。

亚马逊公司是美国最大的网络电子商务公司之一，推行的薪酬策略是支付给员工相对较低的基本工资，同时也没有短期激励措施，但对员工会慷慨推行股票期权计划。这个策略也是为选择员工而定制的。亚马逊需要具有进取心、聪明、善于思索、真正与众不同并且愿意将心力投入到公司去的员工。具有上述特质的员工，能够接受亚马逊这样的薪酬策略，而非上述特质的员工，一般很难接受。这就达到了亚马逊的目的，薪酬策略就像一个筛子，把不符合企业要求的员工给筛了出去。

很多企业在设计激励机制的时候，把重心放在了设计激励空间上，而没有将企业的导向注入激励空间。设计出的方案看上去虽然非常专业，但与企业的经营没有链接起来。其实，每一家企业的战略不同，成长阶段不同，激励导向是不一样的。要从企业的角度强化关键成功要素，按照企业的要求选人、用人，才是有效的。脱离了企业经营的需要，表面上看再专业的方案，也达不成有价值的结果。真正的专业，都是有价值结果的；没有价值结果的专业，都只是教条而已。

3.把握激励节奏

对员工进行激励要有节奏感，一张一弛，才能够发挥出激励的效果。这就像人在运动中，必须先蹲下来才能跳得更高，必须先收拳再打出去才有力道一样。

《华为基本法》第二十三条这样规定：我们坚持"压强原则"，在成功关键因素和选定的战略生长点上，以超过主要竞争对手的强度配置资源，要么不做，要做，就极大地集中人力、物力和财力，实现重点突破。在"压强原则"的指导下，华为的"人海战术"常常强大得让对手头晕。在实力不如对手或与对手相当的情况下，华为通过人力、物力和财力等资源的配置，与对手形成100：1甚至更高的实力对比，进而实施重点突破。

从《华为基本法》的制定到经营实践，华为的发展从来都是一部险象环生的战争史。找准一个点，动员百倍于对手的兵力，发起强攻，不达目的誓不罢休，胜则举杯相庆，败则拼死相救！在华为，员工不再是员工，而是战士，拼搏的不再仅仅是工资和奖金，而是赢取战役后获得的无上荣誉，以及激情得到酣畅淋漓释放后心底的快乐！

让员工保持战斗的状态，就要时刻营造危机感。那些有危机意识，或者是有意制造危机感的企业家，往往能缔造优秀的企业。比尔·盖茨总是说："微软离破产永远只有18个月。"张瑞敏总是感觉"每天的心情都是如履薄冰，如临深渊"。柳传志总是认为"你一打盹，对手的机会就来了"。李彦宏经常强调"别看我们现在是第一，如果你30天停止工作，这个公司就完了"。

发现危机是一种本能，优秀的企业家能够让员工意识到危机的到来，从而让员工的注意力集中到一个点上，全情投入地去突围。企业家把危机感传导给员工，才能够点燃员工同舟共济、拼死相救的激情，才能够触发和释放员工本人浑然不觉的巨大潜能。

企业家经常以为给员工的工资越高、奖金越多、股票激励越丰厚，员工的积极性就越高。其实不然，员工的积极性并不来自于物质奖励的绝对值，而是来自于"超预期"，来自于与他心中所期待的物质奖励的相对值。这就和企业面向消费者是一样的。企业满足消费者的预期并不算什么，因为消费者认为企业本该如此。只有企业给消费者的价值超出了他的预期，消费者才会真正满意。海底捞的顾客吃完饭，想把没吃完的几片西瓜带走，服务员不让，顾客感觉不悦。服务员很快就拿来一个完整的西瓜，并告诉顾客："既然爱吃我们的西瓜，就让您带走一个完整的西瓜。"一下子，顾客感动得话都说不出来了。

因为企业的激励资源是有限的，所以为了让员工有超预期的感觉，企业必须管理预期。营造危机感是管理预期的有效方法之一。在危机面前，企业活下来都能让人心生鼓舞。如果企业在突围危机之后，再拿出一点点激励资源，员工就会因为"超预期"而感动。

企业营造危机感也是有限度的，是为了让员工与企业同舟共济。如果员工在危机面前弃船而逃，那就适得其反。所以，企业在营造危机感的时候，要以激励空间为限。企业在员工身上投放的激励资源越多，激励力度越大；员工与企业的利益越一致，员工对危机的承受力就越大，越不会弃船而逃。通常情况下，员工在企业里的级别越高，越能够承受危机带来的压力；而级别越低，能承受的压力也就越小。

企业可以应用的激励资源是很多的，通过深浅结合、长短结合、虚实结合，就构成了员工的激励空间。但是激励资源要投放在有价值的点上才有意义，所以激励机制的设计要链接到企业发展的战略要求、选人策略和用人导向上来。激励员工就要创造危机，通过一场场"战役"去释放员工的激情，通过管理"预期"使员工保持斗志。

五、如何填补真正的能力断层

潮水退去，才能发现沙滩上硌脚的是石子还是贝壳。企业必须去伪存真，抽丝剥茧，在逐一解决战略问题、组织问题、绩效问题和激励问题之后，才能断定人才问题是能力断层问题。

解决能力断层问题，企业应该依次从三个层次着手。

1.业务外包

随着互联网技术的发展，信息时代下的组织方式越来越开放，无边界组织特征越来越明显，很多企业传统的功能都可以通过外部合作来实现。围绕着波特提出的价值链模型，几乎在每一个环节上，都有外部专业机构提供相应的服务。比如房地产企业，在基础活动方面，从投资、规划、工程、销售和服务这个基本链条来看，外部市场上有专业的房地产投资基金、规划设计、建筑工程承包、销售代理和物业服务等机构。在辅助活动方面，有专业的招标代理、造价咨询、流程管理、营销策划、猎头服务、人力资源基础管理、企业文化和战略咨询等机构。房地产企业如果愿意，在价值链的每个环节上都可以找到外包机构，所以有人称房地产企业是"集成商"。

企业家都会算一笔账，看是自己招募人才来做还是外包给别的机构更划算。在过去的产业环境中，产业分工还不充分，找到合适的外包机构是一件很难的事，外包的费用也很高，于是很多企业更倾向于自己招募人才来做。但随着产业环境的快速变化，将服务外包从整体上看比招募人才自己做更加划算，一是综合费用不高，二是企业可以更灵活地应对市场变化。

当然，有些业务是不能外包的，比如涉及与企业的核心竞争力直接相关的关键技术、资源和信息等，以及与企业价值观相关的战略和文化等组织功能。如果这些也外包了，企业就没有了生存的根基，也就失去了灵魂。

业务外包，能够嫁接企业之外的能力，快速弥补企业的能力断层，是企业应对各种外界变化的首要选择。

2.内部培训

除了外包，企业是通过外部招募还是通过内部培训来解决能力断层问题更好呢？我们建议在满足条件的情况下优先考虑内部培训。内部培训的人才，不仅比外部招募的人才更能适应企业的文化和环境，而且培训本身还是一种对现有人才的激励资源，使企业内部的人才看到能力提升和职位晋升的希望。

但是，内部培训要满足两个条件。

第一个条件是素质。有人打了一个比喻：如果想让一种动物上树，必须找一只鸟，而不是一头猪。因为再笨的鸟，通过训练还是有可能飞上树的，而再聪明的猪，无论如何训练都不可能爬树。话糙理不糙，人与人之间是有自然禀赋的差异的。如果一个人的素质基础与培训方向不一致，培训再多再好也只能是徒劳无功。

关于员工素质的测试有很多工具，代表性的有霍兰德的职业兴趣测试、施恩的职业锚测试、卡氏的 16 种人格测试等。职业锚是指当一个人不得不做出选择的时候，无论如何都不会放弃的职业中的至关重要的东西或价值观，即人们选择和发展自己的职业时所围绕的中心。该理论产生于职业生涯规划教父、美国麻省理工学院斯隆商学院著名的职业指导专家埃德加·施恩教授及其领导的研究小组。职业锚理论将人分为八种锚位，分别是技术/职能型、管理型、自主/独立型、安全/稳定型、创业型、服务型、挑战型和生活型。每个人的锚位都是固定的，这决定了一个人的职业方向，一生都难以改变和转移。比如技术/职能型的人，追求在技术/职能领域的成长和技能的不断提高，以及应用这种技术/职能的机会。他们对自己的认可来自他们的专业水平，他们喜欢面对来自专业领域的挑战。而管理型的人追求并致力于工作晋升，倾心于全面管理，能独自负责一个部门，可以跨部门整合其他人的努力成果，去承担更多责任，而具体的技术/职能工作仅仅被看作是通向更高、更全面管理层的必经之路。如果企业试图将技术/职能型的员工，培训成管理型的人才，那就与他们的素质基础相背离，这是不可能实现的。

企业为员工提供培训是要付出成本的。为了让培训产生预期效果，就必须为"对"的员工提供培训，而不要试图去改变员工的素质基础。

第二个条件是时间。从实施培训，到受训员工在实际工作中体现出效果，要经历一个较长的周期。当然，这是指一些更高层次的能力培训，而不是那些即时应用的工作技巧训练。企业的生存环境变化越来越快，战略机会窗转眼即逝。企业如果想通过培训的方式提升员工能力，等能力提升上来，机会窗可能早已关闭了，并且这种能力已经时过境迁，难以在当前的工作中体现出价值。这种情况下，就不适合用培训的方式来弥合企业的能力断层。因此，企业要巧妙处理培训时间与员工能力应用之间的协调问题。

3.人才招募

当企业无法采用业务外包的方式，也不能满足培训的条件，就只能进行人才的外部招募了。对外部人才的甄选，要把握三个标准。

第一个标准就是"对口的经验"。企业基于能力断层的迫切需求，需要找到立即就能发挥价值的人才。招募到的人才如果没有对口的经验，就不能解决企业当下遇到的问题，那这次招募就不具备现实意义。

第二个标准是"对口的素质"。有对口经验的人，不一定就有这方面的天分，也许他仅仅是处理过或解决过某方面的问题而已。他的经验用完之后，就没有提升的潜力了。只有那些素质基础与企业的发展相匹配的人，才可能有长远培养的价值。

第三个标准是"对口的价值观"。企业如果希望人才长期留在组织当中，就需要找到志同道合的人。价值观匹配是员工长期服务企业的根本条件。

招募的人才，具备第一个标准就可用，但很难挖掘出他的潜力，因此难以长期共事；同时具备第一个和第二个标准，提升的潜力较大，不仅当前可用，未来也可用；同时具备以上三个标准，那他将是企业不可多得的关键人才，未来很可能会成为企业发展的中流砥柱。

当然，为了解决能力断层问题，也有的企业更倾向于外部人才招募，而不是外包或培训。因为人才能力的背后，还有资源的积累，尤其是高端人才，会沉淀出很多有价值的市场资源。比如某汽车电子产品销售企业，高薪聘请了某品牌汽车集团的销售总经理，使这家企业的产品快速打开了该品牌汽车 4S 店这一销售渠道。

逻辑复盘：漏斗模式的精要

漏斗模式是指突破人才拐点的根源追溯思维模式，即通过层层剥离人才问题的表象，发现真正的问题根源是什么。在寻找突破人才拐点的策略时，首先要探讨企业的发展战略，因为没有战略前提的人才策略，是没有任何理性价值和未来意义的；其次要探讨企业的组织方式是否合理，因为合理的组织方式可以降低对人才的要求，不合理的组织方式往往导致优秀的人才难以胜任岗位；然后要探讨企业的绩效管理体系是否保障员工在做该做的事；最后要探讨企业的激励机制是否激发了员工的潜能。当这四层表象都被剥离之后，才能发现企业是否真的存在人才拐点？是否真的存在能力断层？到底存在哪些专业方向的能力断层？问题的根源找到了，解决问题的路径也就清晰了。

漏斗模式的实施关键是企业有清晰的战略。清晰的战略，必然可以找到匹配的组织，建立绩效逻辑；而模糊的战略，使人无法判断组织的有效性，无法建立绩效逻辑。这意味着人才问题的表象无法剥离，也就必然导致无法把握人才问题的根源。

漏斗模式的实施难点是对企业的发展战略、组织方式、绩效管理和激励机制的透彻理解与融会贯通，片面、割裂地理解企业的这些方面，就像是看万花筒，虽眼花缭乱却无法把握细节，进而使人失去基本的判断能力。

漏斗模式的操作，遵循以下七个步骤：

第一，评估企业的战略潜力，判断是否可以通过战略创新降低对人才的要求。

第二，评估企业的组织方式，判断是否可以通过组织调整降低对人才的要求。

第三，评估企业的绩效管理体系，判断其能否保障员工的精力投放在正确的事情上。

第四，评估企业的激励机制，判断其是否充分调动了员工的激情。

第五，在解决上述问题之后，识别企业真正的能力断层。

第六，针对真正的能力断层，确定填补断层所需人才的任职标准。

第七，确定填补人才的开发方式是外包、外聘还是内部培养。

第五章　突破运营拐点：绳子模式

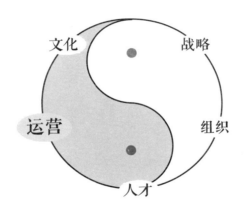

场景导入：万达集团的超强执行力从何而来

万达集团创立于1988年，从一个旧城改造项目起步，历经二十余年，发展成为拥有商业、文化和金融三大支柱产业的企业集团。其所属的万达商业是世界最大的不动产企业、世界最大的五星级酒店业主；万达文化集团是中国最大的文化企业、世界最大的电影院线运营商、世界最大的体育公司；万达金融是中国最大的网络金融企业。

万达集团成功的关键因素之一，是被业界称颂的超强执行力。我们从万达集团的一些管理特征，可以一窥端倪。

特征一：使命必达

无论是商业、酒店还是院线，万达集团在项目开工的时候，就会确定开业时间。在每年9月份的万达年会上，集团会向社会公布第二年所有项目的开业时间。在万达集团历史上的所有项目，无一例外全部都按时开业。

从事不动产开发，由于周期长，不确定因素多，很多开发商在竣工结算时，经常会超出项目预算，超支15%~20%在业内都是正常的，但万达集团历史上开发的100多个项目，竣工结算时花费都低于预算。

特征二：周密计划

万达集团设置专门的计划管理部门，全集团的计划管理都纳入信息系统，计划管理部门对数百个计划节点进行管控。每年 11 月份，集团会针对第二年的发展制订详细的工作计划，集团总部的计划细化到周，部门或子公司层面的计划细化到天。计划超期会亮黄灯和红灯，并与部门和个人考核挂钩。

特征三：严格奖惩

万达集团奖惩分明，力度大，制度落实不折不扣。2012 年，武汉项目公司的销售目标是 70 亿元，结果销售了 100 亿元。按照目标责任书兑现奖金，最终武汉项目公司的奖金收入是同类项目公司的数倍。万达集团在奖励方面从不含糊，在惩罚方面也绝不手软。一位创业元老级别的副总裁，因为在招标采购中有徇私行为，被毫不留情地辞退。

特征四：总部集权

万达集团一直强化集团总部权力，弱化子公司总经理的权力，并且子公司总经理还会经常轮换。集团总部的成本、财务、人力资源、安全和监督等职能都是垂直管理，这些管控职能的人员也要每三年进行轮换，避免他们串通一气。

特征五：执行文化

万达集团倡导员工为完成任务想办法，而不是为完不成任务找借口。在集团内部，完不成任务是可耻的行为。在探讨任务目标时，允许你说困难，但不允许说不行。困难是能够找到解决办法的，而不行就意味着放弃，这不符合万达集团的执行文化。

万达集团的管理特征还有很多，我们无法也没有必要去一一列举。

通过以上管理特征的列举，关键是要引发我们做以下思考：这些管理特征是万达集团能够高效运行、具备超强执行力的根源吗？企业的规模越来越大，管理越来越复杂，哪些要素决定企业的运行效率？这些要素之间是什么关系？按照什么样的机制来运作？在移动互联网时代，效率重要还是创新力重要？效率背后的机制是否已经改变？

战略明确了企业的生存方式，组织模式设定了企业的扩张条件，人力资源形成了企业的能量来源，就像部署一场战役，明确了打法，储备了粮草，排好了队形，就差出兵应战了。能否取胜，取决于打法是否正确和命令能否不折不扣地被执行。游击队作战时比较灵活，因为人数少，可以因情势而随时做出调整；正规军就不能太灵活，因为人数多，沟通成本大，随时调整会造成混乱和内耗，必须谋定而后动，保持行动的一致性，这样才有杀伤力。初创企业就像游击队，灵活应变才能攻城略地，但规模发展之后就越来越像正规军，尽管装备精良、人数众多，但组织不好就会在战斗中损兵折将。

一、找出运营体系的"绳子"

运营体系是什么，又是如何发挥作用的？这貌似管理中一个平常的话题，每个人的理解却差异很大。

1.绳子实验

一位企业家退休了，把企业交给了自己的儿子。儿子走马上任，踌躇满志，要干一番大事业，但半年之后，他就有些垂头丧气。在退休之前，老企业家对企业的发展战略做出了明确的规划，儿子只需要带领员工把战略执行好就行。一切貌似很简单，但儿子在推进过程中却困难重重，于是非常苦恼，就找父亲去寻求指导：为什么您掌管这家企业的时候能够让它高效运转，而我忙了半年却感到困难重重呢？老企业家不紧不慢地从抽屉里拿出来一根软绳，把它抻直了放在桌子上，然后让儿子来推绳子的尾端，看能不能把绳子推动。儿子上前一推，绳子头并没有向前运动，而绳子的尾部却被推弯了。老企业家又让儿子去拉动绳子头。儿子上前一拉，这次绳子头向前动了，而且刚才被推弯的绳子尾部也被拉直了。老企业家意味深长地说："任何企业里都有一根绳子。要想运营好一家企业，必须找到这根绳子，并且不要去推绳子，而是去拉绳子，这样企业就能够朝着你期望的方向前行了。"由此我们知道，企业运营不好，说明可能是两个方面出了问题：一是没有找到这根绳子；二是找到了绳子，却试图用推的方式让它向前走。

2.如何找到运营中的"绳子"

企业运营中的"绳子"到底是什么呢？这是令很多企业家困惑的问题。我们可以通过一个简单的场景来了解下。

假设你是一个部门经理，有三个下属。有一次，你要出差一个月，临行前给他们交代一项任务。你希望出差回来的时候，他们能够把你交代的任务不折不扣地完成。若如你所愿，那么你所在的这个"微型组织"就是运营有效的。如何才能保障任务被不折不扣地完成呢？哪些条件是必须满足的呢？

第一个条件是目标与责任。一项任务，目标越明确，被完成的可能性越大。如果目标模糊，每个人的理解都不一致，就很难想象它能被圆满完成，所以目标明确是任务执行的前提。目标一定要由"专人"来负责，否则责任就会被推来推去。三个和尚没水喝，并非三个和尚担不动水，而是责任不明确，造成三个和尚"等、靠、要"，没人主动去承担责任。回到刚才的场景，你走之前就必须给三个下属制定明确的目标，并且对三个人做出明确分工，指定一个人作为第一责任人对目标负责。

　　第二个条件是计划与预算。做事，就要消耗资源。有一位中层管理人员向我抱怨：他刚参加完企业的经营分析会，会上决定让他所在的成本控制部牵头各部门在一周之内设计一套成本管控流程。但他所在部门与其他部门都是平级关系，他没有权力指派其他部门的人员来配合工作，只能四处求人配合，靠人情与面子争取其他部门的支持。他所在的部门加上他只有三人，手头都有大量的日常工作，在这么短的时间内完成一套流程设计，简直是不可能完成的任务。这位管理人员反映的就是资源配置问题。资源配置就是预算。很多人一说起预算，就理解成财务预算，其实预算的本质目的是配置资源，包括人、财、物，甚至权力等。

　　对于一项任务，给多少资源是合适的呢？这取决于计划。很多企业分不清楚目标和计划的区别。你问企业家有没有计划，他回答说有，告诉你明年做多少个亿的销售额等，其实他说的是目标。计划是实现目标的路径；不同的路径，对资源的需求可能完全不同。假如你的目标是从北京出发到达南京，那么对应的路径就有多种，你可以选择乘飞机前往，也可以坐高铁，还可以自己开车去。选择不同的路径，都可以到达南京这个目的地，但不同的路径对资源的需求是完全不同的。所以，资源配置是否到位，是以计划为前提的。

　　回到刚才的场景，你就必须指导三个下属画出实现目标的路径图，并为他们配置适当的资源。

第三个条件是考核与激励。要让员工有动力去做事，就必须进行考核，保障员工做正确的事，然后根据员工的业绩表现，给予适当的奖惩。要充分利用激励资源，将其投放在最有价值的点上（正确的事），发挥出最大的激励效果。回到刚才的场景，你就必须为三个下属制定出考核标准，并将考核结果与奖惩挂钩。

第四个条件是合适的人。如果你给三个下属明确了目标与责任，也做好了计划与预算，还制定了考核与激励的规则，但你出差一个月后回来，发现他们仍然没有完成任务，那最可能的情况就是人的能力方面出现问题了。虽然我们可以通过调整计划、改变分工、加强激励等手段，挖掘员工的潜能，但这是有一定限度的，超出这个限度就必须对人做出调整；否则，你搭建再好的机制都会失效，就像建立在沙滩上的大厦，根基不稳，随时都会倾倒。

3. "绳子"的关键逻辑是什么

通过简单的场景假设，我们梳理出了运营中的那条"绳子"的关键逻辑（见图5-1）。绳子头是"目标与责任"，然后是"计划与预算""考核与激励"，绳子尾是"合适的人"。

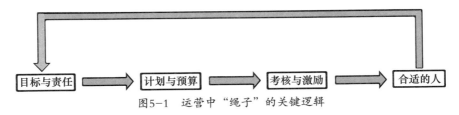

图5-1 运营中"绳子"的关键逻辑

无论是三五个人的创业团队，还是规模化的企业，都有这样一根"绳子"存在。在创业团队中，"绳子"的四个环节由创业者一个人来掌控。比如河北廊坊的一家初创企业，员工有二三十人，核心管理人员有六个，他们是如何保证"绳子"的贯通与顺直的呢？老板要求其他五位管理人员每天早晨必须和他一起吃早餐。在吃早餐的过程中，每位管理者会向老板汇报前一天的工作进展情况，老板根据各方面的情况进行综合判断，对当天的任务做出安排，并结合每位管理人员的特长进行重新分工。老板对这五位管理者没有正式的考核，但每位管理者的能力水平如何，是否努力工作，他一清二楚，在发放奖金的时候便能够恰如其分地对他们进行奖励。也许你会认为这家企业没有管理，但这家企业就是靠着早餐会这种形式来解决运营问题的，业务照样做得风生水起。

一家貌似没有管理的企业，为什么运营得还这么好呢？那就是因为有这根"绳子"存在。尽管企业没有规范的规章制度和组织形式，但老板能够提出目标并每天修正，能够合理分工、落实责任，能够设计解决路径、匹配资源，能够有效地考核与激励，也找到了几个能力基本满足要求的管理人员，所以它的"绳子"是完整的、贯通的、顺直的。

规模化的企业会通过正式的组织形式对"绳子"进行界定，比如制定目标和预算时，它会通过经营管理部门牵头组织，根据董事会或决策层给出的指导性目标，进行多次自上而下，再自下而上的研讨论证，最终确定下来；为了落实责任，企业也会与管理人员签订目标责任书；会针对管理人员和员工制定绩效考核指标和薪酬激励制度；会制定各职系的任职资格等级标准，以选拔人才。这些企业从表面上都可以看到"绳子"的存在。

企业运营的好坏，与绳子的表象无关。规模化的企业，"绳子"貌似完整，但实际上可能是断裂的，或者是弯曲的；而小企业的"绳子"虽不明显，也不规范，但实际上是贯通的、顺直的。所以，评价一个企业管理水平的高低，并不是看制度流程完备还是粗陋，而要看"绳子"是否真正贯通和顺直。

二、"绳子"决定企业"有机化"的程度

运营体系是企业问题追根溯源的线索。运营是要有结果的。运营结果没有达到预期，一定是企业在某一个方面出了问题。

1.运营体系与战略

战略没有实现，一定程度上是战略本身存在问题，还有很大一部分原因是战略执行不到位。设计运营体系的目的，就是将战略转化为一系列目标，并将其导入到运营体系当中。

没有链接到运营体系的战略，就像空中楼阁。有的企业家非常优秀，能够发现很多机会，提出很多预见性的判断和战略构想，但最终都没有实现。他把问题归结为自己团队的能力不行，没人能理解他的思想，没人能够承担起新战略赋予的责任。其实，这是他本身的问题，他没有将战略进行拆解，转化成一系列的目标，并就目标与管理人员和员工达成共识。

将战略转化成目标的方法，前面已经介绍了杜邦分析法、EVA、KPI、BSC和OKR等。运用它们，可以由浅入深地对战略进行解构，将其转化成关键要素及系列目标。战略越清晰具体，越能够被理解和认同，相应的目标也就越容易达成共识；战略越模糊，管理团队和员工越不清楚战略实现的具体模式与路径，就难以取得理解和认同，对于相应的目标也就没有共识了。

战略清晰是实现目标的前提,代表的是运营体系中"绳子头"的方向；同时，运营的效果也是战略的一面镜子，"绳子"上的"断点"映射出企业在战略上的模糊或迷失。我们对运营体系中存在的问题进行梳理和挖掘，有助于明晰企业的战略，使战略与运营之间的衔接更加紧密。

2.运营体系与组织

在落实责任时,运营体系表面上与人是一一对应的,实际上背后隐藏的是组织逻辑。组织通过部门结构、流程和分权等工具,对责任进行界定。所以,运营体系在责任上的"断点",实际上与组织直接相关,多数是由于组织的不合理导致责任落实不下去。

岗位职责的交叉、空白、冲突,流程的不合理,权力与责任的不匹配,等等,都会造成目标无法实现。企业让一个无法对成本进行控制的管理人员承诺完成一定的利润目标,让一个对下属没有考核权的管理人员带兵打仗,让一个不了解市场策略的人去冲锋陷阵,哪怕他们认领了任务,签了目标责任书,也难以承担这份责任,因为组织基础无法支撑。

组织逻辑反映到运营上,就是落实责任;同时运营的效果也是组织的一面镜子,责任上的"断点"映射出企业在组织方面存在的逻辑缺陷。对责任落实的追根溯源,有助于让组织更合理、完善,使组织与运营之间的衔接相得益彰。

3.运营体系与人力资源

企业运营不好,经常被归结为人的方面存在问题,其实运营体系上的每个环节做不好,都可能造成运营失败。经过抽丝剥茧,管理者最后面对的才是人力资源管理问题。管理者往往将注意力放在如何考核员工和如何激励员工上。在考核上,管理者更关注员工的日常行为和结果,而忽视了企业层面的目标对员工个人绩效指标的传导和纠偏;在激励上,管理者更关注如何让员工满意,提高其积极性,却没有将他们引导到有利于企业运营的"正确的点"上来。

人力资源问题反映到运营上，就是考核与激励；考核和激励过程中出现的"断点"，映射出的就是人力资源管理方面的深层次问题。对运营体系问题的挖掘，有助于完善人力资源管理机制。

战略虽然不仅是指目标，但要通过目标来体现；组织虽然不仅是指责任，但最终会由责任来驱动；人力资源管理虽然不仅是指能力匹配，但人力资源管理的目的最终是要达到能力提升。运营体系将战略、组织和人力资源这三个方面通过一个个衔接点穿针引线地聚合在一起，形成一个内在一致的统一体。通过减少内耗，提升效率；通过协调，提高企业的"有机化"程度。

相反，没有运营体系的穿针引线，战略就只是战略，组织就只是组织，人力资源管理就只是人力资源管理。每一个方面都有自己的逻辑和方法论，都有自己的目标和行动计划。表面上看，每一部分都很专业、很规范，但作为一个整体，却不能协调一致，不能转化成竞争力，不能转化成经营结果。这说明企业的"有机化"程度很低，内在的一致性和系统性很差。

运营体系的建立和完善，是提高企业"有机化"程度的关键手段，企业最差的状态是"无机"分割状态，最理想的状态就是让企业变成"自组织"的"有机"状态。当前，多数企业是处于"无机"和"有机"状态之间。

三、排查"绳子"的断点

企业规模小的时候，尽管运营体系不规范，但由于一切都在企业家的掌控范围之内，因此"绳子"是顺直的。经过一段时间的积累，企业向外扩张，管理基础逐步夯实，运营体系表面上看很规范、完备，而实际上"绳子"是弯曲的,需要人为地把"绳子"接起来。

1.目标上的断点

目标是由两部分组成的,一是指标,二是指标值。目标上的断点也出在这两部分上。

选取指标的惯性思维

一说到指标,很多企业家习惯性地认为,就是销售额和利润这两大类常见指标。很多企业定年度目标,无外乎就是制定销售目标和利润目标。

其实,针对哪些指标来制定企业发展目标,要取决于企业的战略。战略决定了企业当前阶段的指标应该是销售额,还是利润,或者都不是,而是市场占有率、新产品销售增长率等其他指标。指标是分层的,而不是一两个统领性的指标就能够涵盖企业的目标体系。根据 KPI、BSC 和 OKR 等考核模式,指标是需要逐级分解,并落实到企业运营的每一个关键要素和每一个管理层级上的。

我们以 BSC 为例来说明企业的指标应该如何设计。下面为某集团企业的战略地图,其中的每个要素都是影响集团战略实现的关键成功要素,并形成了内在的驱动关系。如图 5-2、图 5-3、图 5-4、图 5-5 所示。

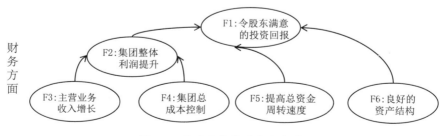

图5-2 某多元化集团战略地图1

顾客方面

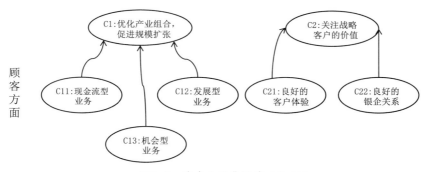

图5-3　某多元化集团战略地图2

内部过程方面

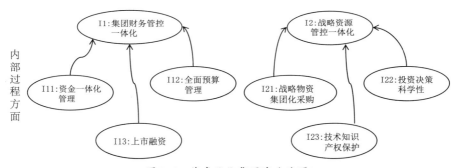

图5-4　某多元化集团战略地图3

学习和创新方面

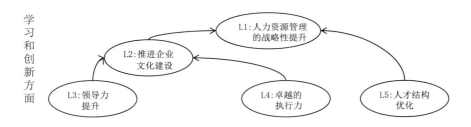

图5-5　某多元化集团战略地图4

该如何设计这家企业的指标呢？指标是用来保障这些关键成功要素处于良性状态的，所以它要与关键成功要素一一对应。如表5-1所示。

表5-1 基于BSC战略地图的指标设计

维度	战略主题与关键成功要素	指标设计
财务方面	F1：令股东满意的投资回报	净资产收益率
	F2：集团整体利润提升	税前利润
	F3：主营业务收入增长	销售收入
	F4：集团总成本控制	成本费用总额
	F5：提高总资金周转速度	流动资金周转天数
	F6：良好的资产结构	资产负债率
顾客方面	C1：优化产业组合，促进规模扩张	
	C1.1：现金流业务：电气业务	市场占有率
	C1.2：发展型业务：地产业务	收入增长率
	C1.3：机会型业务：金融投资	项目平均收益率
	C2：关注战略客户的价值	
	C2.1：良好的客户体验	客户满意度
	C2.2：良好的银企关系	融资项目达成率
内部过程方面	I1：集团财务管控一体化	
	I1.1：资金一体化管理	资金利用率
	I1.2：全面预算管理	预算控制率
	I1.3：上市融资	上市融资额
	I2：战略资源管控一体化	
	I2.1：战略资源集团化采购	采购成本控制率
	I2.2：投资决策科学性	投资决策流程规范性
	I2.3：技术知识产权保护	专利数量
学习和创新方面	L1：人力资源管理的战略性提升	人力资源业务合作伙伴模式建立
	L2：推动企业文化建设	企业文化认知度
	L3：领导力提升	培训覆盖率
	L4：卓越的执行力	人均收入增长率
	L5：人才结构优化	人才与战略匹配度

确定指标值的常见类型

在为企业设计了正确的指标之后，我们再说指标值。企业设定的指标值主要有四种类型。

一是稳健型。比如某家上市企业，每年都能完成既定的经营目标。他们是如何制定目标的呢？每年都是各子公司提报自己的经营目标，集团再进行加总,作为集团的整体目标。各子公司在提报目标的时候,为了给自己留下回旋余地,一般都很保守,所以集团加总后的目标,对各子公司来讲,几乎没有压力。于是,企业每年都完成预定目标也就成了自然而然的事。

二是冒进型。有一家企业,每年不但完不成既定目标,甚至连目标的一半都达不到。原来他们秉承这样一个理念:"法乎其上,得乎其中;法乎其中,得乎其下。"于是,他们把目标定得高高的。这样一来,即使完不成目标,也会得到一个不太差的结果。

三是敞口型。一位老板认为,一旦给出一个具体目标,就会限制员工的潜力发挥。员工本来有能力做得更好,但当他们接近目标的时候,确信能够完成目标,就会放慢脚步,让自己松懈下来,甚至故意为下一阶段预留一些实力。为了充分挖掘员工的潜力,他反对制定具体的目标,而是制定一个目标阶梯。针对每个阶梯目标,制定相应的激励政策,员工实现的目标值越高,奖励的力度越大。这样,员工就没有必要藏着掖着,就会充分发挥自己的能力,以期达到个人利益最大化。

四是鞭打快牛型。企业家有时也无法确认什么目标是合适的,于是就在实践中去检验。如果员工完成了某个目标,那么下一年就在此基础上上浮几个百分比;如果员工没完成某个目标,那么下一年就在此基础上下调几个百分比。员工弄懂了这个逻辑之后,会把业绩"藏"起一部分,留作下一年用。这样,下一年的目标不会被定得太高,而预留出的业绩又能使目标实现起来更容易。

可见,现实中指标值的确定,受企业家个人风格和偏好的影响比较大。那么,有没有公认的确定指标值的科学方法呢?有没有一套科学的公式,能对指标值做出精准的计算呢?很多人尝试去寻找这套公式,最终发现几乎不可能。因为我们不可能穷尽与目标相关的所有信息，不可能穷尽各种可能的行动方案，不可能穷尽各种方案的优缺点，因此就无法找出最优的目标值。即使现在有了大数据技术，要做到百分之百穷尽，也是非常困难的。通过各种方案的假设、分析、比较和选择，最多能够为指标值确定一个合理区间。那么，企业如何在合理区间内，确定这个数值呢？

美国管理学家西蒙认为："面对未来如何有效确定目标？这往往不是基于现实的，而是基于价值的。"人们不是不能做出选择，而是不能达成共识。

共识是确定指标值的关键。指标值本身的精确性很难把握，也没有那么重要，而基于共同的价值偏好，就一个指标值达成共识才是最重要的。如果没有共识，即使企业家把目标强压给员工，员工表面上不说，内心也是抵触的，在执行的时候效果就会大打折扣。

价值观偏好是共识的基础。一位挑战型的企业家，很容易与挑战型的员工在目标上达成共识。比如企业家提出的销售目标是1亿元，员工提出要冲刺1.2亿元，员工比企业家还具有挑战精神，这就一拍即合。挑战型企业家遇到保守型员工，就某一目标达成共识就非常困难。比如企业家提出的销售目标是1亿元，保守型员工提出最多能完成5千万元，双方讨价还价是一个非常痛苦的过程，最终很可能是强势的一方坚持己见，弱势的一方被迫接受。

很多企业在年底会拿出一两个月的时间制定下一年度的目标，企业家和员工反复沟通和论证，就是为了提高目标的共识度。

企业对如何设计指标、如何确定指标值有了正确认识，就能够绕开制定目标时的断点，为企业确立一个真正能够发挥"绳子头"作用的目标。

2.责任上的断点

很多企业以为有了明确的目标，员工就能自动自发地去完成目标。其实不然，员工是否愿意承担责任，首要条件是明确责任与员工之间的对应关系。从实践中看，责任必须落实到具体某个人身上，他才没有躲避和推脱的空间，真正承担起这个责任。所以，即使将责任分配给一个团队，也要选定承担这个责任的第一责任人，由他向团队成员传导压力，进而完成目标。

责任上出现断点，可能是以下四种情况。

第一种情况是业务发生了变化，当初的目标已经无法体现责任人的业绩贡献。比如有一家企业，年初按照目标与管理人员签订了目标责任书，但才过了几个月，企业的业务就开始转型，运作模式与年初的构想完全不同，那么当初的目标也就没有意义了，相应的责任约定也就失效了。

第二种情况是员工年初签订了目标责任书，但由于企业的组织结构变化频繁，员工的职责分工一年内变动了好几次。出现这种情况，即使到了年底目标没有完成，也无法追究当事人的责任。

第三种情况是越俎代庖。目标责任书界定了当事人的责任边界，但在执行过程中，上级对当事人的分内事插手太多，导致最终责任说不清楚。比如某位管理者就成本控制签订了目标责任书，但上级在采购方面干涉太多，责任人无法对成本实施控制，最终成本目标没有完成，责任无法界定。

第四种情况是职责不清。不同职位之间在职责划分上不清晰，出现了职责交叉或重叠的现象。对同一个目标，既可以说是你的责任，也可以说是他的责任。当任务完成得好，两人都去争功劳；当任务完成得不好，都把责任推卸给对方，或者干脆两个人都不去做，反正出了问题双方都有责任。

对企业来讲，每一项任务、每一个目标都应该有员工承担起相应的责任，这样工作才能往前推进。这就必须避免以上的断点出现。所以，要尽量做到责任落实到具体的人身上，减少业务调整、人员流动、职责调整、职责不清和越俎代庖等现象发生。但有时候市场变化很快，企业不得不快速做出响应，由此带来业务调整、组织结构及职责的变化、人员流动等。此时，企业应尽量缩短责任周期，将一个长期规划解构成一系列的短期动作。这样，企业层面可以根据市场变化，及时调整长期规划。规划的调整对那些承担短期责任的员工来讲，冲击并不大。员工只要一次次承担起应付的短期责任，做好每一个短期动作就可以了。

3.计划上的断点

企业制定出目标，明确了责任人，就需要为目标的实现设计出可行的路线图，即制订计划。对于制订工作计划，管理者们肯定不陌生，绝大部分企业都会让管理者制订工作计划。但是，很多企业习以为常的做法，却让计划失去了真正的意义。

以部门为单位制订计划

这种做法可能产生的问题是：以部门为主体做计划，可能与企业的战略和关键成功要素脱节，形成表里两张皮。

计划是用来支持目标的，没有目标，计划的制订毫无意义；而目标是支持战略的，对关键成功要素没有支撑的目标也是毫无意义的。目标代表的是做正确的事。在一个企业中，正确与否的唯一衡量标准就是支持企业的战略。

按照此逻辑展开，计划应该与目标一一对应，每一个目标都应该有一个专项计划来支撑。企业只要确定了目标，就能明确需要哪些专项计划，进而形成专项计划清单。这些专项计划由谁来负责制订呢？这要结合企业的部门职责分工，由相关性最强的部门来主导。有可能一个部门会制订几个专项计划，也有可能一个专项计划由一个部门主导、几个部门配合来制订。所以，计划的制订，不应该以部门为单位，而是要从各级目标出发，先确定专项计划清单，再分配到各部门来共同制订。

那些把战略和目标体系扔在一边，以部门为主体各自制订计划的逻辑，本身就不合理，制订出的计划也容易与战略和关键成功要素脱节。

各部门制订自己的计划

这种做法可能产生的问题是：同时分头制订计划，自说自话，违背了企业内部价值链之间的逻辑。

企业的运营活动可以分为三类：一类是面向市场的营销活动；一类是响应营销活动的供应、研发和生产；还有一类是提供职能服务或管控的，比如财务管理和人力资源管理等。这三类活动是有逻辑顺序的：营销计划没有确定下来，供应、研发和生产方面的计划就无法制订；前两类计划不确定下来，职能管理类的计划就无法制订。因为供应、研发和生产是以营销为导向的，职能管理是以供应、研发、生产和营销为导向的。导向不明确，做出来的计划就没有价值；执行这样的计划，只会浪费企业的资源。

4.预算上的断点

很多企业把预算理解为财务预算，认为是财务部门的工作，这就太过局限了。做预算的本质目的是配置资源，资源包括人、财、物以及权力等，所以预算不仅仅是财务预算，也不仅仅是财务部门的事。

很多企业都没有理解预算与目标、计划之间的关系，甚至直接用预算代替目标和计划。某年年底，我去一家企业走访，问及他们第二年的目标与计划是否制定出来了，回答说已经做好了第二年的预算，包括第二年的销售目标和利润目标。我继续问有没有计划，他们就懵了，不知道我在问什么。我再问他们的预算是如何做出来的，他们说各部门把前几年的费用或成本数据统计出来，依照企业提出的降成本的要求，按5%进行压缩，就得出了第二年的预算。再仔细了解后得知，有的部门预算压缩得多，有的部门压缩得少，甚至有的部门预算还增加了。这是如何决策出来的呢？他们说也没有什么决策标准，就是"会哭的孩子有奶吃"，部门负责人比较强势，得到的预算就多一些，部门负责人比较弱势，得到的预算就少一些。这家企业的资源就这样被分配到了各部门。它不是基于目标的分解，也不是基于计划，而是基于历史数据和部门负责人个人的能力。好钢有多少用在刀刃上了，无人知道；企业的战略发展多大程度上得到了资源的保障，稀里糊涂。

尽管多数企业不至于像这家企业这样逻辑混乱，但也并没有依据合理的目标和清晰的计划配置资源，不同程度上存在着类似的问题。

5.考核与激励上的断点

考核与激励不仅能解决员工的动力问题，更重要的是让员工的动力投放在正确的点上。在企业层面，有一个点；在员工层面，也有一个点。这两个点本来应该内在一致，但实践中，却经常出现背离的现象。

有这样一个管理故事。有家企业月初定下目标：月底之前在高墙上钉一颗钉子。为了完成目标,就必须制订相应的计划,也就是钉钉子的路线图。很多人经过讨论后认为,若要完成目标,需要一个梯子,然后才能爬上去钉好这颗钉子。但没有现成的梯子怎么办?必须自己造一个。造梯子没有原材料怎么办?必须去找木材。就这样,路线图经过层层分解之后,就把找木材的责任落实到了张三头上。张三非常积极,出去找了好几天,回来向上级汇报说,附近没有好木材,要想找到好木材,应该去深山老林,他也自告奋勇要进山。上级觉得张三是个好员工,为了企业的利益不辞辛劳、不惧艰险,主动申请去深山里找木头,于是就允许他进山了。半个月之后,张三回来说,他找到了一根非常好的木材,特别适合造梯子,但有一个困难,就是木材砍下来之后,不好往外运,因为山路太难走。如果木材运不出来,张三半个月的工作就白干了,那多可惜!上级派人跟着张三到深山里去运木材。眼看月末已到,木材才运到半路。此时,张三也因为连日奔波,风餐露宿,病倒在山里了。最终结果是,月底没有完成月初定的目标,但对员工进行考核的时候,张三被评为优秀。从企业层面看,张三并没有完成目标,客观上绩效是差的;但从员工角度看,张三却是一个为了企业目标竭尽全力,最终病倒在岗位上的好员工,绩效应该很好。这就是企业层面和员工层面上两个点的背离。

如何才能让两个点统一起来呢?那就是员工的点始终以企业的点为中心,不断调整自己的行为,保证企业的点能最终实现。员工被赋予的点是找木材,他把这个点想当然地认为是找最好的木材。其实,木材好不好不重要,找木材不是目的,及时造出一个梯子才是目的。有一个梯子,最终的目标才能实现。当员工在附近没有找到木材而提出要进山的时候,企业就要考量进山这个行动能否保障及时造出一个梯子。如果不能,就没有必要进山了，再想别的办法来造梯子。如果想别的办法也造不出一个梯子，那就不要造梯子了，因为造梯子也不是最终目的，最终目的是钉钉子。既然造梯子这条路径不通，那就看能否借几把椅子，把椅子摞起来，这样照样能去钉钉子。

好像谁都懂得这个道理，谁都能把那颗钉子钉好，但企业在实践中，常常犯下这种低级的错误。最终考核下来，企业的目标没有完成，而员工个个表现良好。

为了保障企业与个人两个点的一致，在运营中需要有纠偏机制。企业里常见的纠偏方式，就是定期召开运营分析会。但多数企业的运营分析会并没有发挥纠偏的功能，而只是一个信息沟通会，或者是一个推卸责任的吵架会。企业召开运营分析会的一般程序都是各部门或分、子公司负责人逐一发言，汇报当前的工作情况、下一步计划以及遇到的难题；然后有决策权的管理者主导讨论，寻找对策，协调资源，对于无法解决的问题，提交到更高一级决策者或留存到下一次会议讨论。这样的会议能达到两个目的：一是信息沟通，二是解决当前遇到的难题。

如果是为了信息沟通，因为现在我们处在信息时代，完全没必要把所有人聚到办公室里来；如果是为了解决当前的问题，我们就容易被问题牵着鼻子走。召开运营分析会的真正目的不是交流信息，也不是为了解决眼前的问题，而是以预期目标为中心，对当前行为进行纠偏，对目标实现过程中的风险进行评估，甚至对原定目标做出调整。在运营分析会上，最重要的是回答下面的问题（以月度运营分析会为例）："上月实际完成情况是否会影响本季度/本年度原定目标的实现？若有影响，为确保本季度/本年度原定目标的实现，必须采取哪些补救措施？这些补救措施如何落实到下个月的工作计划中？如果难以补救，原定目标是否应该调整？如何调整？"解决了这几个问题，就保证了各部门或各员工的工作不是围绕着自己的点，而是始终以企业的点为中心，使员工层面的点与企业层面的点保持高度一致。

6.人才上的断点

能否招到合适的人固然重要,但有时并不是企业需要什么样的人才,就能马上找到什么样的人才。即使找到了，如果没有一个让人才发挥能力的环境，人才也会变得懈怠，甚至会流失。在人才上，所谓的断点就是人才逆向流动的恶性循环。

我们可以把企业里的人简单地分为三类：一类是奉献者，他们的付出是大于回报的；一类是打工者，他们讲究等价交换，一分耕耘就要有一分收获；一类是偷懒者，他们是搭便车的人，付出少于回报。如果企业运营的"绳子"出了问题，无论是出在目标、责任、计划、预算、考核、激励的哪一个环节上，都会导致人才逆向流动。因为通过这根"绳子"传递到尾端的价值标准是不公正的,无法分辨出谁是奉献者、谁是打工者、谁是偷懒者。奉献者没有得到认可和奖励，偷懒者没有得到警示和惩罚。奉献者会觉得不公平,会逐渐失去对企业的热爱,把自己变成一个打工者、偷懒者或者选择离开。打工者看到偷懒者也照样能拿工资和奖金，会逐渐变成偷懒者。企业外部那些习惯偷懒的人，发现在这个企业中可以安逸地生存，就会想方设法加入进来。结果在这样的企业中，奉献者越来越少，偷懒者越来越多。一群偷懒者构成的员工群体，如何能支撑企业的发展呢？即使员工没有大量离职，但由于心态的变化，他们所发挥出的能力也与原来相去甚远。人才在心态上懈怠或者选择离开，让企业的人才基础越来越薄弱，对企业目标的支撑力度越来越弱，于是形成了恶性循环。

要想接上这个断点，就必须把"绳子"的前端打通，让正确的价值评价标准得到确立和彰显。企业要能够准确识别出谁是奉献者，谁是打工者，谁是偷懒者，然后通过制度，让奉献者得到尊重和奖励，让偷懒者无处可藏。这样，偷懒者要么变成打工者或奉献者，要么选择离开；打工者受到公平公正的机制的影响，有可能会转变成奉献者。企业里的奉献者越来越多，偷懒者越来越少，就像人体充分补钙后骨骼变得强健一样，企业也变得更有活力起来。优秀的人才基础为支撑更高的目标创造了条件，使企业进入良性循环。

运营体系的这六个断点，分布在"绳子"的每一个环节上。企业的运营管理之所以很难做好，就在于"绳子"必须是贯通、顺直的；任何一个"断点"的存在，都会导致"绳子"的断裂和脱节；避开一个断点容易，要同时避开六个断点就非常困难了。

四、选择合适的运营模式

前些年，我在山东的一些传统的生产制造型企业里讲授运营体系，企业家们都非常认同"绳子"理论，能够顺着"绳子"的逻辑线索发现自身企业运营中存在的问题，经过整改，效果都不错。近几年，我给一些科技型企业讲授同样的运营体系，企业家们却觉得这些逻辑在他们的企业里并不适用。

这说明脱胎于传统企业运营管理的"绳子"理论遇到了挑战，应该顺应企业特征，对其做出必要的调整。

1. "绳子"理论遇到的挑战

挑战一：目标只是个象征

我曾采访过一位做汽车后市场 O2O 服务的创业者，他的企业已经经营了一年多，拿到了 A 轮融资，团队有 50 多人。我问他给自己定的经营目标是什么。他思索了半天说，争取年内在线上平台上聚集 10 万个活跃用户，收入达到千万元。至于赢利，他不敢奢望。他还强调说，市场变化很快，竞争对手也很多，类似的创业项目层出不穷，很多"先进"一不小心就会成为"先烈"。所以，他只能带着团队，以强大的信念支撑着前行，至于下一步会遇到什么困难和挑战，他也预料不到。最后，他又笑着补充说："无论遇到多少困难，我们都有信心做好。"

类似的企业有很多，不能说企业没有战略，但由于处在新兴领域，没有成熟的商业模式可以借鉴，每一个市场参与者都在摸索前行。只能确信方向是正确的，至于谁能到达成功的彼岸，则充满着不确定性。在发展过程中，量化的目标只是一个象征，因为影响目标的因素随时会发生变化。

没有了确切的目标，企业运营的"绳子头"就没有了，运营体系的逻辑起点就被虚化了。

挑战二：职位消失

在传统企业中，责任是靠组织方式来界定的。设置哪些部门和职位？每个职位的任职资格和职责分工是什么？如何确保职责清晰，不至于产生交叉、空白或矛盾？这些都是落实责任的组织基础。

然而，在新兴的科技企业中，组织结构变得不再重要，甚至有的企业已经不再按部门来运行，而是按项目来运行，组织则由一个个项目组构成的。项目立项之后，就相应地确定参与项目的人员，根据项目内容和组员的专长确定项目组长。组员们每天在一起工作，随时沟通交流；根据项目推进情况，每个人做的事也在不断调整。项目结束后，项目组解散，组员由企业安排同时进入到一个新项目组，或分散进入不同的新项目组。原来的项目组长进入新项目组后，可能只承担组员的角色；原项目组的成员进入新项目组后，可能承担项目组长的角色。所以，每一位员工都没有稳定的职位，他们因为项目而组合在一起，随时变换角色。企业设计这种组织方式的目的只有一个，就是完成项目目标。

这种组织形态，就是前文讲到的生态型组织，它让传统的组织理论和管理工具不再适用。比如编写岗位说明书，在传统型企业里是非常必要的，但在生态型组织里，却变成了不可能完成的事。因为每个员工都没有固定的角色和职位，它们随时都在变化。再比如，传统型企业里为了确定每个岗位的"含金量"，可以做岗位评估。很多咨询公司为此开发了专门的工具用来评估岗位价值，知名的工具有海氏评估法（HAY）、美世国际职位评估法（IPE）等。在生态型组织里，因失去了评估的对象，这些工具变得毫无用处。

传统型企业的运营，责任是落实到岗位上，岗位职责越清晰、越稳定，责任落实越到位；而在科技型企业中，岗位消失了，责任也因此失去了落实的基础。

挑战三：计划随时变化

计划赶不上变化，成了常态。在传统企业中，计划是用来支撑目标的，是实现目标的路线图。目标是否可行，也可以通过计划来佐证。计划的路线图清晰通畅，目标才是可行的；计划的路线图模糊不清，那么目标就不靠谱。在战略理论的流派里，还存在一个计划学派。该学派就认为企业的战略要转化成目标，再转化成计划和行动，让企业能够明确地知道，下一步该做什么。河南一家企业的老板就是典型的计划学派，在评审我们提供的战略报告时，他认为不够具体，希望战略报告要具体到行动，甚至要告诉他们第二天早晨来上班应该做什么。他的这种理解也不为过，因为他经营的业务属于典型的传统行业，经营环境比较稳定，每年的经营波动都不大，所以能够把计划进行细化。但将这种思维用在科技型企业里，就完全失去了可行性。

与之对照，OKR成为目标计划管理的新逻辑。它不追求目标的稳定性和计划的明确性，而是根据情势不断迭代，寻找当时环境条件下的最优路径。O代表目标，但在定期评估过程中，如果OKR得分太低，一种情况可能是努力得还不够，另一种情况可能是目标本身不合理。如果认为是目标不合理，就会调整目标，而不是一直固守当初制定的目标。如果得分太高，也会适当调整目标，因为目标实现得太容易，就说明没有挑战性和创新性，坚持这样的目标有可能会错过很多机会。对于支撑目标的多个关键成果，在每一期评估后，都有可能做出调整，因为条条大路通罗马，此路不通，就换其他的路。OKR很好地适应了新兴行业中业务随时变化的特征。

挑战四：以事为中心变为以人为中心

传统型企业运营管理中，一条被大家普遍接受的原则就是因事定人，尽量不要因人设事。所谓的规范管理，就是不要根据现有的人才基础来设计组织，而是要根据企业的发展战略设计组织结构，按照岗位职责和任职要求去选聘人才，这样才规范。那些所谓的不规范的管理现象，通常是因人设事导致的，使得企业的管理逻辑扭曲混乱，成为管理学家们批判的对象。传统型企业里人力资源管理的机制也是以事为中心，比如绩效考核，所有的指标是从企业角度认定的"正确的事"；培训提升，是按照员工与任职标准、业绩要求的差距进行设计的；处理与员工的关系，是以企业的利益为准则的。

在新兴的科技型企业中，事正确与否取决于战略，取决于目标，并通过组织的形式表达出来。而此时战略只是一个方向，目标只是一个象征，什么是正确的事连老板自己都无法确定。这种情况下，人就变得非常重要了，人决定着能做出什么事，人的能力和人的意愿决定着事能做到什么程度。所以，人力资源管理必须转型到以人为中心，靠人来做事。有的科技型企业最看重的就是人才战略。2000年左右，华为实施了一项"IT人才掠夺计划"，在当年应届本科毕业生平均月薪还是800~1200元的时候，华为开出了5000元以上的"任性"价。当年，东南大学无线电专业30余人毕业，有25人进了华为；重庆邮电大学电信专业一个40余人的毕业班，39人被华为招走。华为并不知道这些人到了华为能做出哪些特定的事，它只是相信这些人有可能做出很多事。正是这样的人才战略思维，成就了今天的华为。

这四大挑战冲击着"绳子"理论的基本逻辑。在新兴的科技型企业的运营体系中，"绳子"还存不存在呢？我认为"绳子"还是存在的，一个任务被执行的基本要素不会变，但要素之间的驱动关系变了，原来是目标拉动"绳子"向前运动，现在是人才驱动"绳子"向前运动。人才自下而上提出一个假设目标，然后想尽各种办法去实现。一旦行不通，就及时调整计划；一旦验证假设目标不合理，就及时调整目标，说不定哪个目标实现了，企业就会在一个新兴市场里奠定统治地位。就像腾讯让三个团队按照不同的路径探索移动互联网时代的社交软件一样，腾讯并不知道未来会怎样，但微信的成功奠定了它在社交软件领域无可撼动的老大地位，成就了腾讯的第二次腾飞。

2.如何选择运营模式

以传统型企业的运营特点为背景展开的运营体系，可以称之为"目标拉动模式"；以科技型企业的运营特点为背景展开的运营体系，可以称之为"人才驱动模式"。纯粹属于这两种模式的运营体系是比较少的，多数企业的运营体系处于这两个模式之间。这种状态下，企业的目标可以确定下来，但计划和预算要因情势而变；责任可以明确到人，但人不是被动地接受指令，不能用固定的指标考核个人绩效，而是要发挥个人的积极性，依靠个人创造力或团队协作来完成目标。所以，它的绳子头和绳子尾都成为驱动要素，目标拉动和人才驱动并存，在一定限度的"混乱"中实现预期目标。这种运营体系被称为"推拉合力模式"。

三大运营模式的特点

在了解了三类运营模式之后，我们就可以对企业运营的有效性给出恰当的评价。目标拉动模式可能是实现绝对效率最高的状态，传统型企业惯用。一般是企业提前筹划，把一切安排妥当，剩下的就是员工按部就班地执行，整个过程就像两个点之间的直线距离一样，路径最短，效率最高。当然，这只有在"绳子"贯通、顺直的前提下才能达到。

运营体系是推拉合力模式的企业，在运营过程中有确定的因素，也有创新的因素，它能实现的绝对效率一般低于传统型企业。对于确定的因素，需要的是高效执行，令行禁止；对于创新的因素，需要找对路，摸索尝试，试错带来的效率降低是必须付出的代价，所以它在绝对效率上要低于目标拉动模式。

企业使用人才驱动模式，在绝对效率上会低于前两种模式，它的效率主要折损在了对新事物的探索和试错过程中，但这是科技型企业的生存常态。在未知中寻找机会，很可能一个突破口就打开一片蓝海，成就一个传奇。

即使是再传统的企业也有创新的成分，即使是再创新的企业也有传统的职能，传统与创新是融合在一起的，这也就决定了企业的运营模式往往是推拉合力模式。

按运营事项的类别选择运营模式

首先，我们对企业的运营事项进行分类。一般情况下，基础的职能比如行政、人事和财务等是相对确定的，而研发创新方面的职能是不确定的，其他方面如生产、采购和物流等职能处于中间状态。多数企业都可以照此对运营事项进行分类。

其次，针对不同的运营事项，匹配合适的运营模式。确定性的事项，适合目标拉动模式；非确定性的事项，适合人才驱动模式；中间状态的事项，适合推拉合力模式。

最后，对各种运营模式进行调整和优化，使其进入合理的效率区间。对于确定性的运营事项，采取目标拉动模式，需要按照"绳子"的逻辑去检索，查看有哪些断点存在，按照前文的分析寻找对策，把断点给接上，这样绳子就贯通并保持拉直的状态，运营效果就会满足预期。对于非确定性的运营事项，采取人才驱动模式，需要远处着眼，近处着手，在既定方向上，拆分和缩短复盘周期，靠量变引发质变。此时，高频率地复盘沟通和调整至关重要，必须保持动态信息的透明和对称，这样员工才能够快速跟进，统一步调，否则一定会陷入混乱。对于中间状态的运营事项，采取推拉合力模式，需要锚定目标，适当民主，有限灵活。在目标的确立上是不能灵活的，目标就像定海神针，是运营的基准。但在实现目标的路径和方法上，可以大胆尝试，给予员工一定的决策权，条条大路通罗马，员工只要能按照约定的期限完成目标就行。推拉合力模式与人才驱动模式最大的区别就是，目标不能调，约定到罗马，就不能中途改去别的地方。所以，在运营中，定期回顾目标，对行动进行纠偏是一个关键的管理动作，一旦放松，就容易迷失目标。

某科技型企业根据不同的运营事项，建立了差别化的运营模式。它将运营事项分为三类：一类是基础管理职能，包括行政、人事和财务等；二类是主要业务职能，包括供应、研发、生产和销售等；三类是创新职能，包括预研等。

在第一类运营事项上，企业采取了目标拉动模式。根据企业的运营目标，制定年度工作计划，包括重点任务和里程碑目标。在日常运营中，利用月度例会的形式进行纠偏，制定更详细的双月滚动计划。员工各司其职，按照分解后的工作目标和计划有条不紊地向前推进。

在第二类运营事项上，企业采取了推拉合力模式。企业制定出上市产品的年度销售目标和利润目标，倒推出供应、研发、生产和销售各类业务职能的目标。在日常运营中，利用周例会、月度例会和季度例会的形式进行推进。召开周例会的目的是同步信息，召开月度例会的目的是发现问题及时纠偏，召开季度例会的目的是决策是否调整计划，以保障年初目标的完成。在例会上，员工提出自己对工作推进的建议和意见，供决策者参考。

在第三类运营事项上，企业采取人才驱动模式。预研都是面向未来的，结果具有很强的不确定性，所以在日常运营中，按照预研的内容先申请立项，确立项目的预期目标和里程碑计划，作为预研工作推进的基本假设。项目小组的成员原则上集中办公，以便随时沟通。此外，每周召开项目例会，目的不仅仅是同步信息，而是要根据一周的项目进展情况和科技动态，对项目的方向、目标、里程碑事件以及实现路径做出复盘和评估。如果认为有问题，轻则调整路径和里程碑计划，重则调整目标甚至研发方向。在这类运营事项上，经常会出现"无心插柳柳成荫"的现象，这与人才驱动模式密不可分。如果按照目标拉动模式或推拉合力模式来管理预研项目，一定会扼杀很多有价值的创意和发现。

这家企业把三类运营事项分开，按照不同模式进行管理，源于内部一次失败的管理尝试。当时，有管理人员提出，一家规范的企业应该有预算管理。大家也觉得有道理，管理的基本职能就是计划、组织、领导和控制，运营一家企业，没有预算，没有费用标准，如何实施控制呢？于是，企业成立了预算领导小组，让各部门开始梳理目标、计划，并提报预算。此事自从年初提出，到了下半年都没有完成。出了什么问题呢？原来，各部门提报了一版目标、计划和预算方案之后，预算领导小组就组织讨论。但在讨论的过程中，各部门的情况已经发生了很多变化，提报的方案需要调整，所以还没有跨部门讨论完，有些部门的方案就撤回去调整了。方案再提报上来，又组织讨论，接着又发生了变化，如此反复了三次，到下半年也没有真正确定下来。眼看就剩几个月了，即使把预算方案确定了，对一年的运营也没有什么实际意义了，最终企业决定取消本次预算。在总结教训时，管理者们认识到，运营事项的性质差异太大，不能一刀切，必须针对不同的运营事项采取不同的模式，于是才建立了差别化的运营模式。

在同一个企业中，推行不同的运营模式，自然也会带来效率的差异。要执行效率，就没法创新；要创新，就要牺牲效率。所以，企业的运营，并不是效率越高越好，而是合理才好。运营管理就是将企业运营调节到一个合理的效率区间。

逻辑复盘：绳子模式的精要

绳子模式是指突破运营拐点，将企业的运行效率调节到合理区间的思维模式。通过识别企业效率的驱动因素，选择合适的运营模式，使企业在效率和创新之间达到平衡，推动企业进入新的成长阶段。

绳子模式的实施关键是明确企业如何在效率和创新之间取得平衡。一家企业不可能既追求创新又追求高效。创新意味着探索、试错和反复；高效意味着令行禁止，执行不折不扣。这需要企业管理者有清晰的理念，并在团队内部达成共识。

绳子模式的实施难点是对运营机制的理解。实际运用中，容易出现三大理解不到位：一是对目标与责任、计划与预算、考核与激励、人力资源这四大要素的作用机理理解不到位；二是对四大要素贯穿而成的"绳子"的断点理解不到位；三是对各类运营事项的驱动要素理解不到位。

绳子模式在操作上，应遵循五个步骤：

第一，对企业的运营事项进行分类。

第二，针对每类运营事项选择合适的运营模式。

第三，针对每类运营事项的运营模式，以驱动要素为起点，梳理"绳子"的断点。

第四，针对每个断点制定改进措施。

第五，定期回顾与评估每种运营模式下"绳子"的运行状态，进行纠偏和完善。

第六章 突破文化拐点：点线模式

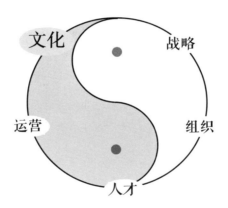

场景导入：TCL 的重生为何从文化变革开始

  TCL 创立于 1981 年，其前身为中国首批 13 家合资企业之一——TTK 家庭电器（惠州）有限公司。TCL 最初从事录音磁带的生产制造，后来拓展到电话、电视、手机、冰箱、洗衣机、空调、小家电和液晶面板等领域。TCL 现有 7 万多名员工，23 个研发机构，21 个制造基地，在 80 多个国家和地区设有销售机构，业务遍及全球 160 多个国家和地区。

  2005 年，TCL 遇到迄今为止最难的一道坎。之所以称之为"最难"，关键在于强烈的反差。

  2005 年之前，TCL 一路高歌猛进。2000 年，TCL 超越长虹成为中国彩电业老大，之后成功改制并上市，令同业难以望其项背。2004 年，TCL 对汤姆逊彩电及阿尔卡特手机业务进行收购，总裁李东生于当年被评为"中国年度经济人物"，风光无限。然而，自收购这两家企业之后，TCL 经营出现下滑。2005 年度，TCL 出现了巨额亏损。作为上市公司，TCL 面临着被摘牌的危险，一批创业元老相继出走，总裁李东生又被媒体称为"中国上市公司最差 CEO"。

  TCL 一下子被抛到了生死边缘，何以至此？该何去何从？内部管理层产生了激烈的争论。是 TCL 的战略出了问题？是 TCL 不具备国际化能力？还是人心不齐？最后得出的结论是：TCL 的文化没有随着国际化战略的升级而转变，导致理念不统一。典型的表现是在行动中没有体现企业的核心价值观，往往过多考虑企业业绩和个人能力，容忍一些和企业核心价值观不一致的言行存在；没有坚决除掉已经形成的小山头和利益团体；碍于情面，让一些没有能力承担责任的管理干部继续身居高位。

改变迫在眉睫。于是，TCL 开启了一场声势浩大的文化变革。第一步，吹响文化变革的号角。李东生写下《鹰的重生》等系列文章，借用鹰在 40 岁时脱喙、断趾、拔羽以获重生的故事，号召 TCL 全体员工团结一心应对危机，共同推动企业文化变革，坚定推进国际化战略。第二步，重新梳理了 TCL 的愿景和核心价值观。第三步，组织系列文化活动。比如组织 150 位中高层管理人员去延安进行四天三夜的高强度培训。所有人每天睡三四个小时，徒步南泥湾，在延安宝塔山上誓师、宣誓，到壶口瀑布去体验和感悟。另外，还组织上万员工参与誓师大会等。第四步，完善沟通渠道。比如设立总裁信箱、开设企业论坛、总裁与员工共同就餐等。

经过 18 个月的文化变革，TCL 终于在 2007 年实现扭亏，2008 年上马液晶模组，2009 年推整机一体化。从 2011 年始，TCL 进入了新的发展阶段。2015 年，TCL 海外收入占主营收入的 46.5%，这意味着 TCL 的国际化战略取得了里程碑式的胜利。

2004 年至 2007 年，TCL 在生死边缘的自救注定成为其发展史上最惊心动魄的一段记忆。在这段记忆里，最值得我们思考的是：当初 TCL 为什么认定问题出在了文化上？如何评价企业文化的好坏？企业文化的运作机理是什么？如何选择文化变革的启动点？如何推动一次有效果的文化变革？

第六章 突破文化拐点：点线模式

很多企业家都希望自己的企业能基业长青，成为百年老店，但时代变化迅猛，各种挑战接踵而至，企业不知道要经历多少次蜕变才有可能存活下来。张瑞敏曾提出："没有成功的企业，只有时代的企业。"没有企业可以永远保持成功，成功只代表过去，并不代表未来。海尔集团曾在家电领域叱咤风云，但到了"互联网+"时代，也不得不自我颠覆，大刀阔斧地变革。

对于一个特定环境下的企业，它的战略、组织、人力资源和运营体系必须有机链接，形成一个有效运行的系统。只要是正常运行的企业，一定程度上就实现了这四个方面的动态平衡。一旦环境发生深刻变化，这个平衡就会被打破，就会要求企业按照新的环境要求，构建一种新的平衡。在重新构建的过程中，原来掌握的优势和资源对于未来的生存和竞争可能都不再重要了，一切都需要推倒重来。如何才能实现这种平衡之间的切换，让企业得以传承甚至重生？只有在文化层面完成升级或切换，企业才有可能达到一种新的平衡。

一、对企业文化的种种误解

我们随便问一个企业家企业文化重不重要，他们都会回答非常重要。

但深入探讨什么样的企业文化重要，企业家们的回答则是五花八门，理解的角度和深度都不一样，有的甚至存在很多误解。突破企业文化的"拐点"，必须先抛开这些误解。

1.搞活动，造氛围

很多企业家对企业文化的理解只是停留在举办文娱活动层面上。一说搞企业文化建设，就策划旅游、K歌和聚餐等活动。至于为什么要策划某种活动，而不是其他活动，是因为在他们看来这些活动没有太大的分别。员工评价一家企业的文化好不好，也是看这家企业是否有丰富多彩的文娱活动。

企业文化是面向经营和管理的哲学思考，是企业生存方式背后的理念体系。企业文化建设要将企业的理念内涵通过各种方式传递出去，影响和同化员工，最终达到价值观一致。企业可以通过搞活动的方式，传递企业文化。但是，大多数企业的文娱活动，是为了文娱而文娱，为了活跃氛围而活跃氛围。在这些活动中，到底注入了多少企业文化的元素，是很少被关注的。没有企业文化注入的文娱活动，是没有灵魂的，所以它们本质上不属于企业文化建设的范畴，顶多是对企业文化建设起到了一些烘托气氛的辅助作用。

2.形象包装

很多企业把文化建设当成了一次阳春白雪式的文学创作，首先找文学家引经据典、谈古论今、中西结合，提炼出一套看似完美的说辞；接着找音乐家作曲填词，为企业制作一首气势磅礴、恢宏豪迈的歌曲；然后找艺术家给企业设计一个独特的、有内涵的LOGO（标识）；最后再把企业文化以古装线书的形式呈现，以彰显深厚的文化底蕴，送给客户以提升企业的形象，发给员工以提高员工的自豪感。每逢重要的活动或会议，员工齐声合唱企业歌曲以提振士气，彰显企业的力量；把LOGO印在企业的各类办公用品上，悬挂在能被客户看到的各种场所，不断强化外界对企业的印象。

我在为一家做基金投资的企业提供企业文化咨询服务时，双方就在文化认知上出现了严重偏差。咨询团队的调研工作涉及企业经营管理的方方面面，以便在这些信息里挖掘企业的文化基因、演变过程和冲突表现等。调研到一半时，老板就向我反馈意见，认为我们团队做的调研没有意义，只听他一个人的想法就足够了，并且就企业文化，他已经想好了一套说辞，是融合了儒、释、道三大哲学体系而成的。只不过他自己的文学功底还不够厚，对传统文化挖掘得还不够深，需要咨询机构帮他完成文字修辞，以便更好地向外传播，树立企业形象。

显然，这位老板把文化建设理解成了一次文学创作。在他看来，企业文化与企业的战略无关，与企业的经营管理无关，只是一个企业的外衣，是一场精美的包装而已。

3.拿来主义

不同企业在阐述自己的企业文化时，采用的词汇高度重叠，无外乎是诚信、创新、合作、共赢、务实、责任、奉献、高效、竞争、拼搏、品质、服务和客户导向等。这是因为很多企业在文化建设过程中，把文化当成了一项与企业经营割裂的、独立的职能，认为企业文化可以从其他企业身上进行借鉴、引用，甚至移植。比如自从华为写了一部《华为基本法》，就有很多企业开始制定自己的基本法、法典和宪章之类的，有些段落甚至直接摘用《华为基本法》。

这说明企业家并没有理解企业文化是企业自身的理性思考和审慎选择。每家企业的业务特征不一样、商业模式不一样、发展阶段不一样、员工状态不一样……这就决定了每家企业的经营理念不一样。我们不可能找到两家企业的文化是一模一样的，哪怕表面上看业务等各方面非常接近的企业，文化上也会差别巨大。IBM 和惠普都是生产与销售计算机的企业，但 IBM 更强调规范，公司规章制度要求严格，员工上班必须西装革履，穿着整齐，业务上则追求完美；而惠普的工作环境相对宽松，更关注科技与人，强调个人的自我管理，甚至员工可以不按时上班，只要你能按时完成工作就可以。

4.碎片标语化

有些企业在墙上、走廊上贴一些标语，比如"态度决定一切，细节决定成败""有一分耕耘，就有一分收获""找方法才能成功，找借口只会失败""敬业、创新、务实、高效""思路决定出路，态度决定高度""建一流企业，创百年品牌"等。

一家小有名气的家用电器企业，在其工作场所贴着的各类标语将近 40 个，包括企业的宗旨、目标、理念、战略、方针、定位、口号、学习、方法论等，多而且杂。这类企业把碎片式的词条、标语当成了企业文化，根本无法体现出对企业经营的系统思考。

5.国学化

一些企业搞文化建设，热衷于在企业内部推广传统文化，让员工研习《三字经》《弟子规》《论语》《道德经》等，这源于近些年来的"国学热"。企业家在对企业文化认识不足的情况下，误以为在企业里推广国学，就是所谓的文化建设了。山东某企业在内部实施《中华传统文化践行规划》，在员工中建立了中华传统文化学习晨会制度，设有"义工团""中华传统文化大讲堂"，组织了"仁爱班组"评选活动，全体员工"日行一善""每日一悟"，成绩纳入全年绩效考核，年终评优。此外，企业还规定：不孝敬父母者不能进厂工作，员工必须牢记父母生日，发放工资时要给父母买礼物。这成为企业招聘和考核员工的一项硬指标。

推广国学在社会层面上来说本来无可厚非，但在企业层面，推广国学与企业文化建设就不是一码事了。传统文化可以修正员工作为一个社会人的意识和行为，但企业作为具有特定经营业务的经济行为主体，对员工的要求就不是具有良好的传统文化修养那么简单了，它需要员工的意识和行为必须能够支撑企业的竞争和发展。

以上这五种现象，代表了管理者对企业文化的典型误解。除此之外，还有很多错误认知，很难在此枚举。重要的是，通过这些现象。让我们充分认识到，抛开误解才能够正本清源，认识企业文化的本质。

二、文化基因的生成逻辑

要想认识企业文化的本质，就必须追根溯源，先弄懂企业的文化基因是如何产生的，这就要从企业的创业起点开始谈起。

创业具有很强的偶然性，往往是天时、地利和人和的一次因缘际会。换一句话讲，就是"某个人在某个时间遇到了某件事"。企业的文化基因是由人和事耦合而成的，它是否强大，取决于人和事之间的匹配程度。这里说的人显然是创业者，而不是跟随他的员工。创业者的价值观和行事风格，形成了企业的管理理念；而事本身有其客观规律和竞争特点，符合事的理念形成了企业的经营理念。这两种理念融合到一起，就形成了企业的文化基因。如图 6-1 所示。

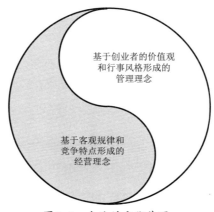

图6-1　企业的文化基因

创业的成功率是非常低的。据统计，全世界每年都有上千万家的企业成立，但是三年之后这些企业还存在的不足 10%。在中国政府大力倡导"大众创业、万众创新"的形势下，大学生加入了创业大军。根据 2015 年《中国大学生就业报告》的统计，毕业半年后内自主创业的应届毕业生三年后有超过半数的人选择退出。即使在浙江等创业环境较好的省份，大学生创业的成功率也不足 5%。

创业为什么容易失败？这往往是文化基因不匹配导致的。文化基因不匹配，有下面四种情况。

1.体现在人上

观念的不同，决定人的境界不同。著名哲学家、教育家冯友兰先生认为人有四重境界。

第一重境界是自然境界：一个人做事，可能只是顺着他的本能或其社会的风俗习惯。就像小孩和原始人那样，做他所做的事，然而并无觉解，或不甚觉解。这样，他所做的事，对于他就没有意义，或很少意义。

第二重境界是功利境界：一个人可能意识到他为自己而做各种事，但这并不意味着他必然是不道德的人。他可以做些事，其后果有利于他人，其动机则是利己的。所以，他所做的各种事，对于他，有功利的意义。

第三重境界是道德境界：这样的人了解到社会的存在，他是社会的一员。有这种觉解，他就为社会的利益做各种事，或如儒家所说，他做事是为了"正其义，不谋其利"。他是真正有道德的人，所做的各种事也都有道德的意义。

第四重境界是天地境界：一个人了解到超乎社会整体之上，还有一个更大的整体，即宇宙。他不仅是社会的一员，同时还是宇宙的一员。他是社会组织的公民，同时还是孟子所说的"天民"。有这种觉解，他就为宇宙的利益而做各种事。他了解他所做的事的意义，自觉做他所做的事。这种觉解为他构成了最高的人生境界。

创业者作为一个特定的群体，由于观念不同，其创业思维也可以适用这四重境界。有的创业者只是顺着本能和习惯做事，在不觉解的状态下随波逐流，对应的是自然境界。有的创业者以利益为中心，为了达到利益目标不择手段，不辨是非，没有一贯的做事准则，没有道德底线，对应的是功利境界。有的创业者能够自觉恪守道德底线，做到"君子爱财，取之有道"，"正其义"是目标，"谋其利"是一个顺带的结果。正如德鲁克说的，利润不是一项目标，而是企业战略、企业需要和企业风险等客观因素决定的一种必要条件，也是经营的结果和回报。这种创业者对应的是道德境界。有的创业者能够以"天民"的觉解，以推进人类进步的视野和胸怀去经营企业，对应的是天地境界。

第一种创业者，没有觉解的愿望和能力，就不可能形成明确的管理理念。第二种创业者，为了利益不惜采取各种手段，甚至突破道德底线，就不可能形成稳定的管理理念。只有第三种和第四种创业者，才可能基于人而形成明确、稳定的管理理念。

2.体现在事上

事有其客观规律和竞争特点，当企业的经营理念与业务本身的客观规律和竞争特点相匹配，业务就能够得到不断提升和发展；反之，经营理念背离业务的客观规律和竞争特点，就会削弱企业的竞争力，甚至使得企业被淘汰出局。

经营理念是由创业者对业务的认知决定的。有一个认知学派，认为战略是企业家主观上的认知活动，是对商业世界的一种解释。显然，不同的企业家对商业世界的解释是不一样的，那么认知不同就会导致不同的战略，形成不同的经营理念。

德鲁克早在1954年就提出了事业理论，他经常问企业家和管理者的问题是："我们的事业是什么？""我们的事业将是什么？""我们的事业应该是什么？"为了回答这三个问题，必须先回答下列问题。

针对"我们的事业是什么"，需要回答的问题是：谁是我们的顾客？他们在哪里？客户认知价值是什么？

针对"我们的事业将是什么"，需要回答的问题是：人口趋势、经济环境、流行要素、市场竞争等有哪些变化？市场的种种变化是什么？顾客未被满足的欲望是什么？环境的哪些变化对我们事业的特色、使命、目标造成了不容忽视的冲击？

针对"我们的事业应该是什么"，需要回答的问题是：哪些机会我们可以去开创？需要有计划地放弃哪些事业？

对这些问题的回答，就是对商业世界的假设，据此提炼的经营理念必须接受现实的考验。如果这些理念与客观现实是一致的，企业家做出的经营决策就能顺应规律，达到预期目标；反之，依据企业家的经营决策行事，就会在市场上处处碰壁，使目标成为泡影。

比如两个在三线城市发展的房地产开发企业，第一个企业的事业理论是"品质好的房子一定更符合客户需求"；第二个企业的事业理论是"价格便宜的房子才能符合客户需求"。经过几年的发展，第二个房地产企业活了下来，第一个退出了市场。这是因为第二个企业根据自己的认知提出了假设：三线城市里的客户更看重价格。这个假设恰恰反映了三线城市客户需求。在三线城市，房地产市场价格特别敏感，客户不会太关心房子户型和朝向的问题，他们只关心价格。即便每平方米只差五十元，客户也只购买便宜的而不去关注品质。所以，事业理论也好，认知学派也罢，用来指导企业经营的理念只有与业务的客观规律和竞争特点相匹配，企业才能进一步发展，否则企业就难以经营下去。

3.体现在人和事之间

人的观念偏好形成的管理理念与基于事本身的客观规律和竞争特点而形成的经营理念不一定是天然匹配的。两者之间的匹配有一个边界，当匹配度低于这个边界，企业就无法存续了；当匹配度高于这个边界，虽并非完美匹配，但企业仍有可能存续发展下去，只不过发展过程中一定充满波折；如果达到完美匹配，那就是天造地设的组合，此事非他莫属，此人就为这一件事而来，这样的人事结合，不成功都难。当然，这种百分之百完美的匹配，只是一种理论上的可能，多数企业能处于适度匹配的状态已经很不错了。

有一位老板是做房地产开发业务的，后来看到房地产行业调控力度不断加大，就有了多元化发展的想法。在寻找发展方向的过程中，他发现本地有一家生产方便面的企业，尽管规模不大、利润率不高，但发展一直很稳健。他就盘算着能否把这家企业给收购过来，于是派谈判人员与这家方便面企业进行了多轮沟通。老板本来势在必得，却在临门一脚的关键时刻，被方便面企业拒绝了。出了什么意外？原来方便面企业经过审慎评估，认为两家企业的业务特征差异太大。如果方便面企业被成功收购，双方势必会有理念冲突，伤害到方便面业务的健康发展。以一个管理细节为例来说，房地产企业做预算，单位都是万，数字都取整，而方便面企业做预算，单位都是分，数字要在小数点后面保留两位数。这样来看，房地产企业做预算的时候抹去的零头，可能就是方便面企业一车皮产品的全部利润。

房地产开发企业的业务特征是资源驱动，资金大进大出，经营周期长，决策风险大，与之匹配的老板应该是一个抓大放小、擅于运作、敢于决断和偏好风险的人。而方便面企业的业务特征是注重品质安全、控制成本、细节管理、决策风险相对较小，与之匹配的老板应该是一个重视管理、精打细算、循规蹈矩和规避风险的人。如果让一个能把房地产业务打理好的企业家来管理方便面业务，那么在抓大放小的指导方针下，那些来自于细节的利润会在指缝里流失掉，而擅长运作、勇于决断的优势在方便面业务里又没有用武之地。所以，越是能把房地产业务经营好的老板，就越经营不好方便面业务，因为这两种业务所需匹配的管理理念是截然不同的。

4.体现在社会价值观上

企业的管理理念和经营理念都应该在社会价值观容许的范围之内，一旦突破边界，势必受到社会的谴责和约束。

有一家企业曾给我留下深刻印象。初次拜访，我与老板相谈甚欢，临近中午到楼下的餐馆吃饭，企业的几个副总一起作陪。吃完饭之后，老板从钱包里掏出了一百元钱，其他副总也都在掏钱。我意识到原来他们吃饭是 AA 制，只不过我那一份由老板代付了。深入接触这家企业，我还发现了很多特别的规矩，比如企业内部不允许互相借钱。对此，老板是这样解释的：我们倡导简单的工作关系，同事之间一旦牵扯太多的金钱关系和人情往来，就把简单的工作关系给搞复杂了，很多制度在执行上就会因互讲情面而大打折扣，使得管理效率降低。从表面上看，不请客，不借钱，貌似不近人情，但限定在企业内部推行，并不影响员工与外人的交往，与社会价值观并不冲突，所以它的管理理念是在社会价值观容许范围之内的。

经营理念要建立在正当经营的基础上，否则也会像管理理念一样，触及社会价值观的底线。2013 年，百度的广告收入是 260 亿元，光莆田的民营医院在百度上就做了 120 亿元的广告，而这些医疗广告并不是按照医院的医疗水平，而是按照医院出价的高低来排名推荐的。魏则西事件之后，百度明确提出要重新审视公司的商业模式，就算牺牲收入也在所不惜。

5.六种文化基因类型

文化基因是否稳定、强大，取决于理念之间的匹配。根据人、事、社会价值观三者之间的匹配程度，企业的文化基因呈现出六种类型。

第一种是无基因型。这是由于人处于自然境界导致的。这类企业尚不需要探讨企业文化问题，即使探讨了，企业家也听不懂。

第二种是唯利型。企业的文化基因以赢利为唯一目的，企业没有事业方向，没有经营模式，没有商业底线，哪里有钱就往哪里钻，怎样能够挣到钱就怎样干，无所顾忌，无所不为。

第三种是任性型。在这样的企业中，人的主观理念占据了绝对的主导地位，从而漠视事物的客观规律。这类企业家的自主意识非常强烈，高度自信，非常强势，外界很难对他们产生影响，除非在现实中栽了跟头，才有可能使他们转变想法。

第四种是分裂型。在这类企业中，人和事存在着天然的裂痕，只是外力或偶然因素促成了人和事的暂时结合，所以这类企业一定会进行业务转型。如果无法完成转型，就必然会消亡。就像陈天桥靠游戏起家，但骨子里根本看不上游戏一样，盛大进行业务转型是一种必然结果。

第五种是分手型。这类企业的人不是一个人，而是多个人，也就是平常说的合伙人。合伙人之间如果理念高度一致，那么合伙人团队的表现就像一个人一样；如果合伙人之间的理念有差距，但是合伙人中有一个强势的主导者，也能够为企业奠定稳定的理念基础；如果合伙人之间的理念有差距，并且每个合伙人都无法确立绝对强势的主导地位，那么合伙人之间的矛盾就会逐步显化出来。一般在开始创业的生存期，合伙人之间容易达成一致，但随着业务的发展，决策的选择空间变得越来越多，各个合伙人之间的价值观倾向和偏好就暴露出来。这些反映到日常运营中，就成为不可调和的矛盾，于是这些合伙人多数以分手的方式结束合作。风靡一时的西少爷肉夹馍中餐连锁从2014年4月8日开业，到6月中旬宋鑫离开，短短两个月的时间，这家由四名合伙人创办的明星公司就分崩离析，主要原因就是合伙人之间存在明显的理念差距，而且没有一个人能够确立绝对强势的主导地位。

第六种是匹配型。此时，企业的人、事、社会价值观三者之间达到合理的匹配程度，能够和谐共生，相互促进，动态修正，使企业不断发展壮大。

除了第六种类型之外，其他五种类型的企业文化基因都不是良性的，对于企业不断向前发展是一种隐患。企业家只有从文化层面深刻变革，具有刮骨疗伤的决心和魄力，才有可能把不良基因改造成良性基因。

从文化基因这个角度来看，企业的生生死死在充满偶然性的表象下面隐藏着某种必然性。

三、如何评判企业文化

每个人都有自己的价值观，有的人看重家庭，有的人看重事业，有的人看重机会，有的人看重风险，等等，孰是孰非很难评价。建设企业文化也是同样的道理，每家企业都有其唯一性、独特性，在企业文化的评判上要认真对待。

决定企业战略选择的三个因素是能做、可做和想做，其中想做就是企业的价值偏好，所以战略没有对错，只有高下；同理，企业文化也没有对错，只有境界高下之别。好的企业文化能够在企业的可持续发展方面发挥关键的推动作用，坏的企业文化则会阻碍企业的可持续发展。

如何判断企业文化的好坏呢？主要从两个方面来看：一是基因的匹配程度，二是基因的强弱程度。

1.文化基因的匹配程度

人代表管理理念，事代表经营理念。企业的管理理念要与经营理念相匹配；经营理念要与市场竞争规律相匹配；管理理念和经营理念要与社会价值观相匹配。三者越是匹配，企业的文化基因越好。否则，企业的文化基因就存在缺陷。无论企业的发展速度有多快，表面上看多么欣欣向荣，基因的缺陷都是一个致命的隐患，一旦被诱发出来，可能会让企业所有的努力都付之一炬。

2.文化基因的强弱程度

文化基因除了匹配外，还需要足够强大。从遗传学上来讲，孩子长得更像谁，取决于父母双方谁的基因更加强大。企业的文化基因也需要有强大的生命力，才可能使企业的文化之树长出笔直的树干，成为参天大树；相反，如果企业的文化基因不够强大，遇到冲突和矛盾时，没有一致性的、坚定的价值立场，那么企业的文化之树就难以长大。

孔子说"四十不惑"，指人在四十岁的时候，悟透了自己、悟透了人生，不再受外界事物的迷惑。这代表人的一种哲学思考深度，即明白自己是谁，自己要什么，不要什么，自己该走什么样的路。想明白这些之后，在人生道路上遇到各种诱惑，就不会再见异思迁，而是秉承自己的理念笃定前行。

企业文化基因的生命力也类似于此。哲学思考达到一定深度，企业家或管理团队就不会彷徨、焦虑，不会在前进的路上贪恋路边的花草，遇到岔路口就能够做出明确的选择，企业的发展因此能够保持连贯性，文化之树的树干就能够越长越高。如果哲学思考深度不够，就像是在能见度很低的迷雾中前行，看到了路边的花草就去采摘，看到了岔路口就争论不休，摇摆不定。这样发展下去，企业的文化之树就无法长出笔直的树干，而是随情势而变，生出很多扭曲的枝杈，从而长成了灌木。

《华为基本法》是任正非和管理团队历时三年的深度思考后形成的，它为华为的生存发展确立了准则。由《华为基本法》折射出的企业文化基因的生命力非常强大，所以在其发布之后的近20年里，支撑着华为不断发展，使华为由一个区域性的通信设备商发展成为业务遍布全球的行业领导者。《华为基本法》就是华为的文化树干，在不断地笔直生长，能够对中途长出的枝杈进行自我修剪，以确保树干长得更高。

与之形成对比的是前文中提到的某家用电器企业。它的企业文化由近40条维度不一、逻辑混乱的词条构成，由此可以看到企业家对企业生存与发展的思考深度远远不够，只是浮于表面的、碎片式的思考。因此，企业文化基因的生命力就比较弱，无法生长出树干，无法支撑企业长足发展。实际的经营结果是这家企业在行业里的影响力越来越弱。

这两个案例说明：企业文化基因的生命力越强大，对枝杈的修剪能力越强，企业的文化之树就越容易长高；文化基因的生命力越弱，企业的文化之树就越会枝杈乱生而成为灌木。

四、企业文化运行的内在机理

企业文化并不是基因匹配、基因的生命力强大，就可以自然而然地发挥作用。要想让企业文化助力企业发展，必须透彻地了解其运行的内在机理，对企业文化进行调节、重塑，使其能量得以充分释放。

1.一个故事折射出的文化现象

　　一个老人退休之后,在海边建了一座房子,以安度晚年。附近村落里一群顽皮的小孩子在房前嬉戏玩耍,还往老人的房顶上扔石子。老人不堪其扰,出来跟小孩子们讲道理,让他们尊敬老人,不要打扰他的生活。小孩子们嘻嘻一笑,继续扔石子。老人越劝说,小孩子们扔得越开心。后来,老人想了一个办法,他把孩子们召集到一起,对他们说:"你们扔小石子很辛苦,这样吧,到傍晚我数下你们扔的小石子,根据数量给你们付钱。"孩子们一听非常高兴,扔小石子更积极了。傍晚老人到房顶上清点石子,并且给了孩子们100元钱,还选出来一个扔小石子最多的小孩。老人让他站在所有人面前,给他戴上一朵小红花,赞扬他最能干,并让他个人分了50元,其他人分剩下的50元。仪式结束后,孩子们兴高采烈地回家了。

　　第二天一大早,孩子们又来到老人的房前,老人已经等候他们多时了。老人对孩子们说,自己退休了,没有多少钱,所以今天付给大家的钱比昨天少一半。也就是说,扔同样多的石子,老人今天只能给他们50元。孩子们一听,觉得有些不快,嘟囔着说:"昨天还给100元呢,怎么今天才给50元呢?"但50元也是钱呀,既然来了,那就接着扔吧。傍晚,老人又选出了一位扔石子最多的小孩,给他戴上小红花,让他分了25元,其他人分剩下的25元。但今天的仪式没有昨天那么隆重,戴红花的小孩也感觉没有昨天获奖的小孩受重视,而其他小孩拿的钱更少了,也都很不高兴。

　　第三天,孩子们快到中午了才来。这次,老人对他们说,自己没有积蓄了,所以今天无论他们扔多少小石子,都不付钱了。孩子们一听非常气愤,说不付钱谁还给你扔石子啊!于是,一个个气呼呼地走了。从此,老人过上了安静的生活。

在这个故事里,孩子们发生了什么变化呢?一开始,他们扔小石子,只是一份童真,是为了好玩和快乐;但是后来,他们扔小石子不再是为了好玩,而是为了获得酬劳。他们的初心变了,价值观发生了根本性的变化。

是什么让孩子们改变了价值观呢?是老人制定的一套游戏规则。那就是根据小石子的数量给孩子们付钱。本来孩子们扔石子这件事与钱无关,支付酬劳也不在孩子们的诉求范围之内,但是老人确立了这样的游戏规则,让扔石子与钱产生了关联,并且扔得多,给的就多。

老人利用什么手段来巩固孩子们的新价值观呢?他用了可见的、仪式性的方式来强化孩子们的意识:一是选先进,让扔小石子最多的小孩站在大家面前,当众赞扬他,给他戴红花;二是让他得到最多的酬劳。通过树典型,老人让所有小孩都相信,扔的小石子越多,得到的酬劳就越多,获得酬劳最多的人就是大家的英雄。

老人利用什么手段让孩子们放弃了扔小石子呢?这与他在孩子们的内心树立的价值观的强度有关。在他非常明确和强烈地改变了孩子们的价值观后,他又通过调整规则,即降低酬劳来对抗孩子们的新价值观,让孩子们为了坚持新价值观而放弃了扔石子。显然,新价值观越强烈,这种反作用力就越强;如果新价值观不够强烈,老人降低酬劳是无济于事的。这就是为什么老人在一开始使用各种手段来树立和强化孩子们的新价值观了。

2.影响文化力量的两个方面

这个故事说明文化理念本身不能直接产生力量,必须制定出规则并有所行动，才能够真正达到效果。就像老人一开始向小孩子讲要尊敬老人一样，尽管道理非常浅显，但对孩子们一点儿作用都没有。如果老人改变策略，直接告诉孩子们："扔石子是能获得好处的。"孩子们也会无动于衷，因为在他们的意识里，对酬劳没有任何概念，即使听明白了，也不一定相信。老人必须通过规则，让孩子们相信扔石子确实与酬劳有关，就像商鞅为了变法而搞"徙木立信"一样。除此之外，还要通过仪式来强化它，老人的做法是让扔石子最多的孩子戴上红花，得最高的酬劳。可以看出，文化是属于理念层面的，它必须得到制度与规则层面的支撑和保障，才能够对人的行为产生作用，而对行为层面的引导，可以使行为更快速地统一到理念方向上来。有的学者将企业文化分为三层结构，即理念层、制度层和行为物质层，背后就是这个道理。

企业文化要想产生力量，必须在这三个层面上保持一致，有什么样的理念，就必须有什么样的制度；有什么样的制度，就会引导什么样的行为。如果不能保持这三个层面的一致性，就会造成文化力量的衰减，使文化建设的效果大打折扣。三个层面的不一致，主要体现在理念层与制度层脱节、制度层与行为层脱节两个方面。

理念层与制度层脱节

很多企业在理念导向上比较明确，但缺乏制度的支撑，或现行的制度与理念相悖。比如有的企业倡导创新，却推行非常严苛的惩罚制度。企业要创新，难免走错路、出问题。如果企业不能给予员工适当的试错机会，那么员工就会为了避免犯错而裹足不前，宁可墨守成规。无论企业对创新理念如何宣传，只要制度不调整，这种理念就不可能落到实处。再比如，有的企业重视客户服务，但却在客户投诉处理流程上设置重重障碍，把企业的利益放在第一位，把客户的利益放在其次，使客户反馈的问题石沉大海或处理过程一波三折。有的企业宣扬以人为本，但在制度上没有设计职业发展的通道，没有培养提升的机制，于是以人为本就变成了空谈。一旦员工感受到，企业是说一套，做一套，那么员工就对企业产生了信任危机。这样一来，企业即使有些理念是真的，员工也不会轻易相信。

制度层与行为层脱节

制度是一个企业的"明"规则，必须不折不扣去执行，才能对员工的行为产生修正作用。如果制度只是挂在墙上，锁在柜子里，那么员工的行为就会与企业文化产生偏离。员工既然没有"明"规则作为行事依据，就只能自己去琢磨企业的"潜"规则，然后按照他理解的"潜"规则去行事。

某企业有明确的人事晋升制度，但却形同虚设，实际的晋升并不是依照制度而行，而是另有路径可循。该企业的一位董事长助理，某一天被董事长骂得狗血喷头，还被董事长将笔记本子摔到身上。这位助理不但不气恼，从董事长办公室出来之后反而很高兴。

这是什么原因呢？原来这家企业的人事晋升有一套"潜"规则：企业每年从高校招聘一批应届毕业生，董事长会从中选出三五个人，作为自己的秘书，这意味着他们进入了董事长着意培养的范围。经过大约一年的培养，董事长会在这些秘书里选出一两个人，作为自己的助理。在董事长的助理群体中，董事长会经常训斥他们，对个别人尤其严厉，甚至做出体罚。通常情况下，被体罚的助理才是董事长最中意的人。用董事长的话讲就是"恨铁不成钢才打你呢"！这些人过不了多久，就会被派驻到各子公司去当负责人。这套规则与企业的晋升制度大相径庭，也没有明文规定，但企业里的老员工经过长期观察，发现了这个秘密。所以，那位被董事长用本子摔打的助理感到非常高兴。他被体罚说明董事长很中意他，也许不久的将来，他就会被委以重任。从这个案例中可以看到，企业的制度对员工起不到什么作用，企业反而是靠"潜"规则在调节员工的行为。

当企业的文化理念与制度不相干，制度与员工的行为不相干，那么，再好的企业文化也发挥不出力量。但是，能做到两个方面的不脱节，保持三个层面的高度一致性，也是很难的。所以，只有少数企业的文化才真正发挥出应有的力量，多数企业的文化只是沦为装饰或摆设。

五、把握文化升级转型的冲突点

要突破文化拐点，一定要准确把握企业文化升级转型中存在的冲突点。只有这样，文化变革才能有的放矢，才能对企业发展起到根本性的作用。企业发展过程中的文化冲突，分为两大类：一类是企业升级带来的新旧文化冲突；一类是并购重组带来的内外文化冲突。

1.企业升级带来的新旧文化冲突

企业升级带来的新旧文化冲突，主要有以下三个类型。

发展型

由于企业原来的文化基础不足，导致无法回答成长过程中出现的新问题，因此企业必须培养出新的文化内涵，才能支持企业的进一步发展。

华为于1987年创立，在发展初期，员工人数很少，工资单都是任正非亲自签批，他几乎能认识每一位员工。随着员工队伍的不断壮大，某一天他忽然发现工资单上的很多新员工他不认识了，他再亲自签批工资单意义就不大了。员工的工资是否合理？谁的工资该涨了？谁的工资该降了？他都无从判断。为了更有效地管理，他必须把自己在员工激励上的一些想法和理念提炼出来，形成规章制度，让更接近员工的下一级管理者去判断和执行。于是，华为对待员工的激励理念就由此"生长"出来了，成为华为文化之树的一条新枝杈。华为的文化之树伴随着华为的成长，长出了很多枝杈。一棵树，要想长成参天大树，就需要修枝剪叶。

1995年，华为开始系统梳理自己的文化之树，一开始定位为"管理大纲"。后来，经过各层级的反复讨论和碰撞，历时数年，终于在1998年成形，以《华为基本法》的形式得以确立，成为民营企业文化管理的标杆。

升级型

企业处在不同的发展阶段，战略重心是不一样的，指导运营的理念也会发生变化。万科从深圳一个区域性的房地产开发企业向全国扩张的过程中，在人事处理上遇到了一次难题。上海分部有一个项目要开盘，但当地的销售经理与销售主管由于工作思路不同发生了冲突。销售经理是从深圳总部派驻到上海的老员工，他为了保障项目成功开盘，一气之下把销售主管辞退了。没想到，销售主管不接受辞退的处理，他认为这违反了企业的制度规定：辞退员工之前必须先为员工调岗，如果调岗后员工仍不能胜任，经工会确认后才能辞退。于是，他第二天就到深圳总部来申诉。销售经理听说销售主管到总部告状，就说如果总部留下这名销售主管，他就辞职，因为他是从企业利益的角度出发，为了保障项目成功开盘才这样做的。然而，最终结果却是总部留下了这位销售主管。

总部认为，如果放在几年前，万科还是一家立足深圳的区域性房地产开发企业，那么销售经理的做法是符合企业的导向的。因为那时万科正处于生存期，赢利是第一位的。现在万科要进行全国扩张，为了实现扩张的战略，严格执行规章制度就是一个必要条件。如果扩张之后各城市分部都各行其是，就会使企业陷入混乱。所以，在新的发展阶段，维护制度权威比一次开盘的利益得失更重要。

多元型

很多企业会走上多元化的发展道路，每种业务的运营体系不一样，基于某种主要业务或前期业务形成的文化，延伸到新业务上往往会造成冲突。国美电器曾是电器流通领域一家叱咤风云的企业，依靠自己的行业地位，延长供应链的财务账期，形成了充裕的现金流，令同行艳羡不已。为了充分利用现金流的价值，黄光裕开始向房地产行业拓展，成立了鹏润地产集团，引进了豪华的管理团队。

我在为该企业提供管理咨询服务时，恰好看到了国美集团从家电流通领域向房地产行业进行多元化扩张中遇到的深层次问题。当时的房地产管理团队向我抱怨，说老板管理房地产业务像管理家电流通业务一样，要求他们每天开早会和晚会，执行和房地产业务同样的人事制度，而房地产业务与家电流通业务差距非常大，这让鹏润地产的员工很难适应。更严重的冲突出在利润分配机制上。鹏润地产成功取得了一块土地的使用权，投资团队认为企业应该给他们发奖金，因为他们原来所在企业都是这样操作的。但是黄光裕认为他们之所以能取得这块土地的使用权，是因为黄光裕本人的财富实力和社会影响力，投资团队的贡献不大。可见，在投资团队和黄光裕之间，对价值贡献的评价标准差距巨大。最终，矛盾从隐讳走向公开并逐渐激化。黄光裕一怒之下，把鹏润地产的总监级以上管理团队全部辞退，造成一次轰动业界的人事地震。

2.并购重组带来的内外文化冲突

并购重组带来的内外文化冲突，也分为三种类型。

团队型

企业在发展过程中，需要不断引进人才。如果人才是一个个从外部引进的，企业作为主体，对个人要有很强的影响力，用企业的文化来影响和修正个人的文化。如果企业引进的是一个整建制的团队，企业对外来团队的影响力就要比对个人的影响力弱得多。外来团队有更强的力量来对抗企业的主体文化。如果这种对抗势均力敌，文化分不出主次，则会对企业原来的文化造成严重的冲击。

一家科技型企业主要研发和销售智能电子产品，长期的合作客户是德国的一些家电企业。受德国客户的影响，企业内部非常认同与提倡德国人的工匠精神和创新精神。为了推出更具竞争力的产品，这家企业收购了深圳的一个创业团队。这个团队的人员均来自于国内同行的知名企业，所以这家企业对他们非常重视，希望这个团队能在新产品研发方面带来突破。合作了半年之后，企业发现自身与收购的这个团队在文化上很难融合。这个团队常年在电子行业发达和商业气息浓厚的深圳开展工作，深受行业同质化模仿、抄袭和山寨文化的影响，所以他们在做产品研发时，都有急功近利的特点，拿出的产品更多的是市场上流行产品的翻版和改装，这与企业崇尚的工匠精神和创新精神格格不入。企业发现这个问题之后，认为这是文化层面的根本差异，是不能融合和迁就的，所以尽管承受了巨大的财务成本和时间成本，企业还是毅然决然地放弃了这个团队。

改制型

在收购兼并中，有一些企业不是改造其他团队或企业的主体，而是成为被改造的对象，这也会造成文化上的冲突。山东一家水务企业，原来是家国有企业，被民营企业收购之后，控股权落在了民营企业手中。根据收购方的要求，企业要建立现代化、市场化的管理制度，所有员工解除国有企业员工身份，按照《劳动法》重新签订劳动合同。在承诺两年之内不裁员的前提下，所有员工都转换了身份，成为合同制员工，企业改制推进得还算顺利。随着新管理体系的确立，深层次的问题才逐步暴露出来。尽管一开始宣讲得很清楚，员工也自愿签订了劳动合同，但推行绩效考核、差异化工资制之后，那些绩效表现不好的、工资拿得低的员工就开始抱怨、不理解，到总经理办公室去抗议，甚至去政府部门上访。他们认为"同岗同酬"是天经地义的，怎么现在变得同岗不同酬了？自己与别人一样，都是主管级，为什么工资差了一大截呢？从暴露的问题看，这家企业的改制并不成功，虽然体制变了，但文化没有变；虽然员工的身份转了，但思维没有转。

重塑型

在内外文化冲突中，除了企业作为主体改造外部文化和企业作为客体被外部文化改造这两种情况之外，还有一种可能就是没有主体和客体之分，各参与方均是被整合的对象。也就是说，要在各参与方之上，重塑一种企业文化，来保障重组业务的融合与发展。

第六章 突破文化拐点：点线模式

有位老板一开始是做煤炭生意的，后来煤炭行业不景气，就以自然人身份入股了好几个特别要好的朋友开办的企业。这些企业业务跨度较大，有餐饮、酒店、旅游和医疗等。经过几年的发展，他与几个朋友商议，能否把他们的各家企业重组成一家集团企业，他们作为股东，组建董事会和经营团队，搭建集团总部的管理架构，这样能形成管理合力，就不用再像以前那样松散、分散地管理了。几个朋友同意了他的提议，于是开始着手注册集团企业，对资产和业务进行盘点、梳理和重组。重组之后，各业务单元因为以前就各自独立，所以日常运营并没受太大影响，难题是要在各业务单元之上建立一个管理总部，这就属于典型的"先有儿子后有老子"。新建总部的管理人员多数是从市场上招聘来的职业经理人，对各业务板块了解不深，对各业务的管控就成了难题。如果插手深了，不但对下属企业没有促进作用，还会带来混乱；如果不插手管理，总部又成了摆设。在这种情况下，这家集团企业必须在各业务的共性基础上，确立一系列经营管理原则，使各业务在集团的平台上达到 1+1 > 2 的集群效应。否则，集团总部就没有存在的价值。确立新的经营管理原则，就是在各业务之上重塑集团的企业文化。

新旧文化冲突和内外文化冲突，是企业文化之树生长枝杈的原因。没有这些冲突，就不可能生长出新的枝杈，因为企业运营过程中涉及不到的冲突，也就没必要为它去确立是非观。所以，一家企业的发展历程越长，就越有必要对自身做出符合时宜的调整，遇到新旧文化的冲突就会越多；一个企业发展的规模越大，与外部环境的接触面就越大，遇到的内外文化冲突也会越多。生存时间越长、规模越大的企业，文化之树也就越枝杈繁盛。一个成立时间短、规模小的企业，无论企业家多么有思想，它的企业文化也顶多是一颗小树苗而已。

六、如何进行企业文化变革

1.了解引发文化拐点的不同情况

综合前文的分析，使企业遭遇文化拐点的情况，大致可分为四类。

文化基因缺陷

这是最深的伤。对于"无基因"型企业，变革的原点都不具备；对于其他类型的缺陷："唯利型""任性型""分裂型""分手型"，要么改变企业家，要么改变"事"，都是要做伤筋动骨的大手术；处理不好，就会动摇企业的根基，加速企业大厦的倾塌。

文化基因生命力强弱问题

文化基因的生命力强，文化之树的树干就高大；文化基因的生命力弱，文化之树的树干就矮小。解决这类问题，实质上是对企业完成一次深度、系统的思考。企业家想得越远、越深刻，未来的路就越清晰，就越不会因诱惑或冲突而动摇，文化之树的树干就会越长越高大。

抵御文化侵蚀

文化基因好，生命力强大，文化之树仍然会经受风雨侵蚀，仍然需要培育和呵护，仍然需要人为修剪和防害。IBM的文化就是因为在成长过程中，受到了时间的消磨、新员工扩充的稀释，使创始人托马斯·沃森提出的文化信仰销蚀殆尽。新旧文化冲突、内外文化冲突，都会侵蚀原有的文化，因此必须针对冲突，丰富和延伸原有文化或创造新文化，让文化清晰、统一,让员工重拾信仰,这样企业才能焕发新的生命力。

文化再造

前面三种情况,是企业线性发展过程中可能出现的,而文化再造这种情况则是在企业非线性发展阶段出现的,一般是指企业的转型,而不是提升。转型有可能是"人"的变化,也可能是"事"的变化。比如万科的领导人由第一代的王石更迭到第二代的郁亮,万科的文化就发生了深刻的变化,反映出来就是战略的调整、产品的调整和扩张方式的调整等,这是典型的由于"人"的变化而带来的文化再造。有的传统型企业做互联网转型,就要求员工放弃过去的思维惯性,按照新的业务特征重新确立企业文化,这是由于"事"的变化而带来的文化再造。

不同企业遇到的文化问题是不同的,但绝大部分情况都可归为这四大类型。企业的新生,就是从解决文化层面的四大类问题开始的。

2.选准企业文化变革的启动点

企业的文化理念需要通过制度规则和行为表象传递力量,其实制度规则和行为表象,也会反作用于企业的文化理念。在老人与小孩的故事中,老人就是通过确立制度规则,改写小孩子的底层价值观;通过戴红花、树典型等仪式强化了这种价值观。所以,在这三层结构里,是存在作用力和反作用力关系的。企业文化变革的启动点,就要结合企业的实际情况,在文化理念、制度规则和行为表象三个层面做出选择。

制度规则对文化理念做出的调整

员工可以通过制度规则的变化,来感受和认知企业文化理念的调整。

当推行新的制度规则的时候，企业需要重点关注新制度是否会改变员工的认知，以及这种改变是往企业愿意看到的方向还是往相反的方向进行。

2007年1月，索尼前常务董事天外伺朗撰写了《绩效主义毁了索尼》一文，指出索尼失败的根源是从1995年开始推行的绩效管理制度。当时，索尼制定了非常详细的评价标准，并根据每个人的评价结果确定薪酬。这个制度导致绩效主义在索尼逐渐蔓延，而从2003年春天开始，索尼就问题不断，当时仅一个季度就出现约1000亿日元（约合人民币59.6亿元）的亏损。其实，在他写完这篇文章之后，2008年到2014年的7年间，索尼仅在2012年实现利润430亿日元（约合人民币25.6亿元），其他年份均为亏损，亏损额共计1.15万亿日元（约合人民币685.3亿元）。

天外伺朗认为索尼过去的成功依靠的是三大精神支柱，分别是挑战精神、团队精神和激情，但是绩效主义毁掉了这三大支柱。因为绩效考核要与员工的薪酬挂钩，导致员工在制定绩效目标的时候，从挑战变成了保守，谁也不想给自己制定一个挑战性的目标，而伤害自身的利益。尤其是研发人员，他们以前是以突破自我、引领创新为荣，而现在挑战精神消失了，企业的创新能力大大下降。绩效考核还导致员工把注意力集中在完成自己的指标上，而对团队和跨部门协作的事项置之不理，他们担心"耕了别人的地，荒了自家的田"，结果造成原来的团队精神消失了。当挑战精神和团队精神不复存在，员工的使命感、荣誉感和成就感就无从获得，工作激情也难以持续。索尼赖以发展的三大精神支柱坍塌了，业绩随后陷入泥潭。

不管索尼推行绩效管理制度的初衷是什么，事实上，这一选择改变了索尼最初的文化理念。

行为表象对文化理念做出的调整

人的行为一旦形成习惯，就会在潜意识中确立一种认知，久而久之就成为人自然接受的理念，好像这种理念由来已久且毋庸置疑。

有人做了一个实验，把三只猴子放在同一个笼子里，笼子上方吊着一根香蕉。只要有猴子试图去拿香蕉，笼子顶部的喷头就会喷水，把三只猴子浇个落花流水。三只猴子尝试了几次之后，弄明白了这个规律，就不再去拿香蕉了。这时，工作人员把其中一只猴子放出来，换一只新猴子进去。新猴子不明就里，想要去拿香蕉，另外两只猴子就跳起来把新猴子打了一顿。新猴子于是也明白了，香蕉不能拿，至于为什么不能拿，它不清楚。接着，工作人员再把原来三只猴子中的一只放出来，放进一只新猴子。情况是，情节重演，新猴子也不再去拿香蕉了。最后，工作人员把原来的三只猴子全部换成新猴子，新猴子仍然固守着这个规矩，谁也不去拿香蕉。因为在它们的意识中，这根香蕉就是不能拿，这是天经地义的。

把猴子的表现映射到人，道理是一致的。这就是为什么员工适应了一家企业的环境，对外部人无法适应的一些问题，他们却熟视无睹的原因。因为他们的潜意识中已经认同了这种现象，形成了认知惯性，接受了现象背后的理念。

看来，塑造一种文化并不是只有正作用力这一种方式，还可以利用文化的反作用力。不过，利用文化的反作用力的前提是先留好底牌，也就是说对塑造什么样的文化要提前设计，否则就成了无的之矢。

正反两条作用力线

由上文分析可以知道，塑造企业文化有两条线：一条是正作用力线，一条是反作用力线。

正作用力线就是遵循企业的理念体系、制度规则和行为表象的顺序依次进行设计和推进。这条线适用于企业家和高层管理团队。他们是企业文化的主导者，必须先把理念体系设计好。理念体系要在文化基因上匹配，在哲学思考上达到足够的深度，并按照一定的结构展开，形成企业的理念纲领。以理念纲领为指导，对现有制度进行检索和审视，排查与理念相抵的制度条款，对此进行调整和修正，同时对缺乏制度支撑的理念，进行必要的补充。制度规则修正和完善之后，从员工角度制定行为指引，从外在的物质层面营造文化氛围，使文化理念在日常运营中最大限度地可行、可见。

反作用力线是从制度规范或者行为表象层面入手，反向塑造企业文化。这条线适用于中基层员工。尽管是从制度规则或行为表象入手，但第一步仍然是设计理念体系，就像打牌要提前留好底牌一样，企业家要对塑造什么样的文化理念心知肚明、胸有成竹。但是，直截了当地向员工灌输理念体系，员工理解和接受起来比较困难，因为他们对企业的深层次思考能力有限。所以，按照反作用力线进行推进，能够更有效地规范员工行为。

电影《浪潮》是根据1967年发生在美国加利福尼亚州一所中学里的真实事件改编的。男教师在"独裁政治"课上突发灵感，与一群自由、散漫的学生做起模拟独裁政治的实验。这场名为"浪潮"的游戏在短时间内产生了浪潮般的效果，激进、亢奋、麻木及独裁政治下的种种面貌一一呈现。最后，游戏戛然而止的那一刻，令所有人感到的不仅仅是震惊，还有不寒而栗的恐惧。

电影中的男老师就是按照反作用力线来推进这场实验的。如果男老师一开始就向一群自由、散漫的学生宣扬独裁政治理念，学生们肯定不会接受，也没人相信纳粹行为会在现代社会重现，所以男老师从行为表象切入。第一天，先确立领导人，确立纪律铸造力量、团结铸造力量的意识。第二天，通过树立假想敌，诱导学生通过简单的肢体动作感受行动一致性所产生的力量，同时统一形象，以白衬衣、牛仔裤来区分自己人和外人。第三天，继续在行为表象上做文章，设计LOGO，为自己的班级起名为"浪潮"，强化自己人意识。同时，帮助受欺辱的自己人打架，并把LOGO贴遍全城等。这说明学生已经形成了一个封闭的团体，并且团体开始具备自主意识。第四天，继续强化行为表象，设计团体成员间的问候方式，以多种形式来强化自己人和外人的区别。第五天，这个团体的自主意识开始体现在球赛对抗和球迷冲突中，场面几近失控。第六天，男老师抛出了真正的政治理念，得到团体成员的欢呼和支持，但是男老师在此场景中宣布实验结束。此时，很多人如梦初醒，但也有人醒不过来，因无法接受现实而在现场自杀。

这是按照反作用力线进行文化塑造的一个典型代表。很多企业的文化建设是从行为表象入手，或者制度规则入手，好像采取的是反作用力线的方式。但实际上，它们的文化建设并没有理念体系设计这个前提，也不理解理念体系、制度规则和行为表象三个层面之间的关系和作用机理，纯粹是在对文化的肤浅认识或误解下"照猫画虎"。

3.打通文化作用线——以IBM为例

无论企业文化变革的启动点是在理念层面、制度规则层面，还是在行为表象层面，无论是遵循正作用力线还是反作用力线，文化变革都需要在启动之后，将三个层面对接和贯通起来，形成完整的文化作用线，使企业文化真正产生力量。

上个世纪 90 年代的 IBM，业绩严重下滑，新产品推出的效率低下。在复杂的四维矩阵组织结构下，各事业部的"诸侯"醉心于划疆而治，热衷于权力和资源的内部争夺，整个 IBM 因此处于霸权式的封闭状态，员工的工作主动性丧失殆尽。一方面，这种状态分散了 IBM 对市场变化的专注力，使蓝色巨人对市场的反应变得迟缓；另一方面，由于经营单元各自为政，不沟通、不协作，导致内部出现相互争夺客户甚至相互诋毁的恶劣现象，极大地限制了为客户提供整合服务的能力。

1993 年，郭士纳出任 IBM 的 CEO，他发现 IBM 是一个具有优秀企业文化基因的公司，比如老托马斯·沃森提倡的基本信仰：精益求精、高品质的客户服务、尊重个人，正是这些文化特质保证了 IBM 初期的成功。

郭士纳从文化入手，提出了两项变革。第一项变革是消除对客户需求的冷漠，强化客户导向文化。在其到任后的第一次客户会议上，他就宣布，"将以客户为导向着手，实施公司的优先性战略"，同时"赋予研究人员更多的自由，让他们放开手脚实施以客户为基础的研究方案"。在郭士纳的倡议下，IBM 还实施了"热烈拥抱"计划，要求 50 名高级经理在 3 个月内每人至少拜访一个最大的客户。第二项变革是消除官僚习气和组织惰性，建立市场导向的变革文化。为此，郭士纳对整个 IBM 的组织程序进行了大刀阔斧的改革，只保留了寥寥几条组织程序、条例和指导，而代之以崭新的"IBM 八项原则"：

第一，市场是我们一切行动的原动力。

第二，从本质上说，我们是一家科技公司，一家追求高品质的科技公司。

第三，我们最重要的成功标准，就是客户满意和实现股东价值。

第四，我们是一家具有创新精神的公司。我们要尽量减少官僚习气，并永远关注生产力。

第五，决不要忽视我们的战略性远景规划。

第六，我们的思想和行动要有一种紧迫感。

第七，杰出的和有献身精神的员工将无所不能，特别是当他们团结在一起，作为一个团队开展工作时更是如此。

第八，我们将关注所有员工的需要以及我们的业务得以开展的所有社区的需要。

郭士纳把他亲自起草的这八项原则视为IBM新文化的核心支柱，以挂号信的形式邮寄给了IBM全球的所有员工。为了保障新文化能够贯彻，他还推出了三大管理措施：一是提出了行为变革要求，明确了目标导向；二是成立了高级领导集团(SLG)，为那些坚持原则的员工提供成为领导者的通道；三是建立了新的绩效评价系统，所有员工每年围绕八项原则制定个人业务承诺(PBCs)，并制订具体行动计划。

结果证明，郭士纳成功地让大象跳起了舞蹈。成功的关键，就是他打通了文化的三个层面之间的作用线。从理念层面的八项原则，到制度层面的绩效评价系统，再到行为层面的行为变革要求，三个层面互为支撑、互相强化，充分释放出文化变革的力量。

从理念层面影响到制度规则层面、行为层面，这是正作用力线，也是企业文化调整及落地执行的顶层设计。顶层设计完成之后，就要选择文化变革的启动点，可以单点启动：理念宣贯、制度规则调整或行为表象改变；也可以多点联动，就是在两个层面或三个层面同时启动。无论是单点启动还是多点联动，只是启动点的不同而已，最终都要通过互相牵动，达到三个层面的高度一致，这样文化的力量才能够得到真正释放。

逻辑复盘：点线模式的精要

点线模式是指突破文化拐点时选择启动点和打通作用线的思维模式，也就是通过判断文化拐点类型，挖掘文化冲突根源，按照正作用线的逻辑进行顶层设计，结合企业状况选择启动点，最终贯通作用线，推动企业进入新的成长阶段。

点线模式的实施关键是贯通作用线。很多企业在文化变革时，只注重某一层面的调整，比如理念层、制度层或者行为层，而不能贯通整条作用线，结果就是无法释放文化变革的力量，使变革效果大打折扣，最终变革以失败告终。

点线模式的实施难点是对企业文化本质的理解。企业管理者必须深刻理解文化基因的生成逻辑、文化好坏的评价标准和文化运行的内在机理，这样才能真正把握文化的问题根源。

点线模式在操作上遵循七个步骤：

第一，审视企业发展历程，还原文化基因，并评估企业文化基因类型。

第二，从企业的战略、组织、人才和运营四个方面识别文化落差和冲突点。

第三，从文化的三层次的作用线评估文化体系现状。

第四，按正作用力线进行企业文化的顶层设计。

第五，结合企业状况选择文化变革的启动点。

第六，以启动点切入，贯通文化的三层次之间的作用线。

第七，定期回顾与评估企业的文化状态，进行纠偏和完善。

结语　企业在拐点法则下的选择

我们对企业的五大拐点如何突破依次做了阐述，使拐点法则从理论到实践，能够在体系上得以贯通。那么，我们反过来进行思考，以企业为中心，企业在拐点法则下如何实现自己的意志呢？

在商业社会的生态丛林中，形形色色、大大小小的企业共存。这些企业的生存状态大致可以分为七类，由此构成企业丛林的众生相。

第一类是创业失败者。每年都有大量的企业创立，也有大量的企业消亡。创业是人、事和时机的一次因缘际会，因此成功率是非常低的。有的创业者受到失败的打击而一蹶不振，有的创业者屡败屡战，不屈不挠。创业者具有坚持不懈的精神，会提高创业成功的概率。

第二类是投机者。创业成功的企业，如果能够尽快跨越战略拐点，就会进入到定向成长的轨道；如果企业不能跨越战略拐点，企业家也没有意愿进入定向成长的轨道，企业的业务就会被各种商机牵引而随波逐流。企业基于某项业务而培育出来的组织、人才以及管理机制，会在下一项业务面前变得毫无意义。所以，这种状态的企业无法培育出真正的组织，只是游走在各种商机之间的投机者。

第三类是拐点受困者。创业成功的企业，试图摆脱机会性成长的状态，而进入定向成长的轨道；或者已经进入到定向成长的轨道，但处于低迷状态。这类企业要么受困于战略拐点，要么受困于其他拐点，使企业家的预期与现实差距较大。此类企业正在不断寻找改进的路径。

第四类是自适者。这类企业进入到了一种自我适应的状态，即各拐点到原点是等距的，文化拐点与其他拐点是相适宜的。它们会维持一种稳定的、良性的和持续的经营状态。

日本和德国有很多处在自适状态的企业，它们规模不大，但不求扩张；利润不高，但源源不断。日本那家只卖寿司的小店，有人可能会认为，这么好的一家店，为什么不大规模复制扩张呢？这是你的想法，而不是这家店主的意愿。从这家店本身来看，它找到了一个自己的质变空间，达到了自适状态。虽然它规模不大，但可以良性发展，持续经营。

第五类是持续突破者。很多企业家都希望自己的企业能做强做大，这就需要企业不断地去突破拐点。即使企业达到了自适状态，也不会停止前进的脚步，而是会主动打破这种自适，将企业带向新的高度。北汽福田的发展就是一个典型的案例。北汽福田的每一次跃升，都涉及拐点的依次突破，都是主动打破自适平衡，将企业带到新的质变空间。这类企业有没有止步的那一天？这要取决于企业的文化拐点，取决于企业家的思维空间。还是德鲁克的那句话，企业只能在企业家的思维空间之内成长。如果企业家的思维空间不封顶，那么企业就不会停下前进的脚步。

第六类是强势折戟者。有些企业，属于激进派、野蛮人、异类、黑马，不按常规出牌。在拐点法则面前，对拐点浑然不觉或熟视无睹，常会在一个点上强势推进，而不顾其他点的严重失衡。最终的结局，往往是越强势，折戟的速度越快，摔得越惨。德隆最初是乌鲁木齐的一家小公司，后来一度成为一个控制资产超过1200亿元的金融和实业帝国，整个扩张的过程不超过十年。德隆涉足实业之多令人称奇，从杏酱、番茄酱、水泥到汽车零配件、电动工具、重型卡车，再到种业、矿业、旅游业、娱乐业、乳业、亚麻纺织业、现代流通业等，不一而足。而其通过各种直接、间接手段控制的金融机构之多同样令人惊叹,从金融租赁、信托、证券、保险、商业银行再到基金,所有的金融工具几乎都囊括殆尽。企业高速扩张的背后是对现金流的极度渴求,德隆最后无奈之下,将手伸到了自己控制的几家城市商业银行。据知情人士透露,德隆从中套取了40亿元左右的贷款,而它付出的代价不过三四亿元。正是由于此事,银监会开始追查德隆的贷款问题,银行遂开始追债,致使德隆一直紧绷的资金链条断裂,德隆构建的资本和实业帝国瞬间瓦解。德隆在资本市场和产业整合上的强势发展,与它的组织、人才和运营是极不相称的。这种不相称超过了一定的限度,就会积蓄强大的反作用力,一旦爆发出来,就会把企业打回原形。类似于德隆的案例还有很多,虽然企业暂时风光无限,也许不久就折戟沉沙。

第七类是盛极而衰者。企业的发展不可能是无限制的,也不可能进行持续突破,也不可能永远在市场上保持绝对优势。正如《易经》里揭示的事物发展规律一样,在"飞龙在天"之后,就是"亢龙有悔"。事物达到鼎盛状态之后,就必然会迎来低谷期,所以事物的推进要有一个度。企业的发展在达到一定高度之后,也要懂得进退。因为随着企业的扩张,外部环境因素对拐点的影响将大于内部因素,也就使企业受主观意愿调整和控制的空间越来越小,而外部客观的限制越来越大。

这七类企业组成了商业社会的生态丛林。每个企业的拐点组合状态不一样,质变空间不一样,企业家的思维空间不一样,它们在各自的状态里生存和发展。每一类都是正常、合理的存在,都体现着企业的自由意志,体现着企业家的自由意志,都应该得到尊重。

当我们面对一家企业的时候,不要从自己的立场去评判企业的是非,它要满足的只是企业家的预期。也许它就希望成为一个投机者,我们没有必要去改变它；也许它就希望自己是一个自适者，我们就没有必要一定让它复制扩张；也许它就希望自己是一个持续突破者，我们就没有必要牵绊它奔跑的脚步。愿意当一棵小草，虽然自己不出众，但可以在大树下遮风挡雨；愿意当一棵大树，虽然木秀于林，但也必须忍受风吹雨打，这都是自己的选择，无关好坏与对错。

　　我们能做的，就是让企业家理解拐点法则，同时也理解生态丛林中的多种生存状态，让他们按照自己的自由意志做出选择。但是，只要是企业，拐点法则就如影随形。只有对拐点法则心生敬畏，企业的自由意志才能得以实现。

　　在企业丛林中，除了创业失败者和投机者尚未进入主流之外，其他类型的企业都会经历关键拐点的挑战。对于自适者，这种自适状态也是动态的，当业务环境发生了变化，原来的自适状态就会被打破，企业必须进行调整，重新构建新的自适平衡；对于拐点受困者，自不必说，它的发展正经受着关键拐点的制约；对于持续突破者，即使达到了自适状态，也会主动打破平衡，向更大的质变空间进发；对于强势折戟者，更是受到关键拐点的强力掣肘，付出了惨痛代价；对于盛极而衰者，不仅仅是"亢龙有悔"，背后也是关键拐点在发挥作用。所以，在企业丛林中，主流企业的成长历程都要遵循拐点法则，按照拐点逻辑逐步突破拐点，这样才能确立自己的质变空间。